Eine Sünde wert ...

Wir danken allen, die dazu beigetragen haben, dieses Buch entstehen zu lassen:

Hartmut Kiesewetter, Kathrin Kiesewetter, Caroline Kiesewetter, Annegret und Christian Grotmack, Frauke und Friedel Köster, Ilse Mißfeld, Elke und Egon Schmitt, Manuela Röschmann, Daniel Kratzenstein, Monika Landau, Nicole Maack, Ursula Maack, Norbert Witt, Dr. Carsten Fleischhauer, Guntram Turkowski, Frenz Frauen, Helga Bötel, Ines Kläden, Sandra Kühl.

ISBN 978-3-8042-1237-4

© 2. Auflage 2008 by Boyens Medien GmbH & Co. KG, Heide
Alle Rechte vorbehalten
Autorin: Marion Kiesewetter
Redaktion: Marion Kiesewetter
Assistenz: Annegret Grotmack
Fotos: Ursula Sonnenberg, Hans Dieter Kellner
Promotion: Hartmut Kiesewetter
Herstellung: Boyens Buchverlag
Herstellungsbetreuung: Tanja Sponholz
Gestaltung: Michaela Plett
Druck: Boyens Offset, Heide
Printed in Germany

Marion Kiesewetter

Eine Sünde wert …

Die schönsten Rezepte aus
norddeutschen Cafés

Fotos von Ursula Sonnenberg
und Hans Dieter Kellner

BOYENS

Lage der Cafés

Inhalt

Vorwort 7

Alte Kaffeewirtschaft 8

Alte Scheune 20

Antik- und Gartencafé 32

Hofcafé Fünf Linden 44

Galerie-Café Meiforth 54

Gartencafé Süderdeich 64

Café Gnosa 78

Kleines Traumcafé 90

Café Lebenstraum 100

Café Lichthof 110

Café Witthüs 122

Kaffee 132

Tee 135

Schokolade und Kakao 137

Service 140

Register 144

Vorwort

Liebe Leserinnen, liebe Leser,

in diesem Buch möchte ich Ihnen eine Auswahl der attraktivsten Cafés zwischen Hamburg und Flensburg vorstellen, vom Traditionscafé in einer alten Schule bis zum Hofcafé auf dem Lande, die in den letzten Jahren überall entstanden sind und sich gegenseitig optisch und lukullisch zu übertreffen versuchen. Alle Cafés, die ich ausgesucht habe, sind für Genießer „eine Sünde wert", und ihr Besuch lohnt sich immer! Alle durch die Bank haben Omas Backstube entstaubt und kreieren neue Kuchen und Torten, basierend auf alten, beliebten Rezepten. Aber auch der Kaffeegenuss ist verbessert worden. Man kauft seinen „Rohstoff" bei speziellen Kaffeeröstern ein und bietet durch viele verschiedene Herstellungsarten (Cappuccino, Espresso-Vanille, Eierlikörkaffee, Hochzeitskaffee) mannigfaltige Kaffeegenüsse an.

Den Hamburger Fotografen Ursula Sonnenberg und Hans Dieter Kellner ist es wunderbar gelungen, alles „ins rechte Licht zu setzen".

Entdecken Sie diese Cafés und vor allen Dingen die sensationellen Rezepte, die uns die überragenden Konditoren verraten haben, auf Ihren Touren und Ausflügen durch unser schönes Land.

Marion Kiesewetter

Alte Kaffeewirtschaft

Alte Kaffeewirtschaft

Blick von der Empore auf den Kuchentresen der Konditorei, von der es weiter in das Café geht.

Auf der Fahrt von Hamburg gen Norden auf der A7 erreicht man nach etwa 40 Kilometern die Abfahrt Neumünster-Mitte. Verlässt man hier die Autobahn und fährt nach Westen (Hohenwestedt), so kommt man nach 10 Kilometern nach Aukrug. Hier findet man das Hofcafé „Alte Kaffeewirtschaft" mit dem Antiquitätengeschäft Aukrug Antik, das für einige Überraschungen sorgt. Von außen sehr hübsch und gepflegt, lässt es den typischen Bauernhof dieser Gegend erkennen. Von innen jedoch ist man von dem im Jugendstil hergerichteten Café sehr angenehm überrascht, und das Antiquitätenangebot lässt an hochwertigem Mobiliar, wunderschönem Porzellan und englischem Tafelsilber nichts zu wünschen übrig. Die beiden Geschäfte befruchten sich gegenseitig. So ist das Café mit schönen Antiquitäten des Nachbarn ausgestattet und lockt mit seinen qualitätvollen

Alte Kaffeewirtschaft

Kuchen und Getränken zusätzliche Interessenten für Aukrug Antik an. Mit diesem Unternehmen hat alles begonnen, als Karl Cramer 1977 das ehemalige Bauernhaus kaufte und den Antiquitätenhandel begann.

Glücklicherweise lief das Geschäft sehr gut und wurde schnell weit über Schleswig-Holsteins Grenzen bekannt. Herr Cramer und seine Frau Jutta bauten den benachbarten Stall mit Diele zur heutigen „Alten Kaffeewirtschaft" um. Hier musste aber ein Fachmann her, und der heutige Inhaber Thomas Wätzold verkörpert eine optimale Lösung. Er ist Bäcker und Konditor, und die Gäste lieben seine Erzeugnisse, auch außer Haus. Morgens um 5:00 Uhr geht's bei ihm los! Es wird gebacken und dekoriert, und ständig werden neue Tortenkreationen entwickelt. Auf künstliche Aromen verzichtet er gänzlich, und bis auf die Winterzeit werden nur frische Früchte und Obst der Saison verwendet. An „Großkampftagen" gehen hier bis zu 50 Torten über den Tresen, das bedeutet mehr als 600 Portionen. Man kann sich vorstellen, welch ein Betrieb im und um das Café herum dann herrscht. Es wird ja nicht nur dem feinen Gaumen Außergewöhnliches geboten, sondern auch das Auge findet in dieser Umgebung immer wieder neue Überraschungen. Jugendstilarbeiten an Decken und Wänden sind von Mitarbeitern gefertigt und die Ein- und Umbauten sind unter Verwendung alter Bauteile in dieses Ambiente integriert worden. Alte Kachelofenkronen schmücken die Türen und eingelegte Bileggerplatten sowie bleiverglaste Fenster entdeckt man an den Wänden. Man kann sagen, dass diese beiden sich ergänzenden Geschäfte den kleinen Ort Aukrug in ganz Norddeutschland bekannt und berühmt gemacht haben.

Antiquitäten so weit das Auge reicht. Hier sollte man sich Zeit nehmen, um wirklich alle wunderschönen Gegenstände in Ruhe zu betrachten.

 *Alte Kaffeewirtschaft*

Alte Kaffeewirtschaft

Wo findet man schon eine so exklusiv eingerichtete Kaffeetafel? In der „Alten Kaffeewirtschaft" in Aukrug hat man freie Auswahl, denn jede Ecke des Cafés ist geschmackvoll und individuell eingerichtet.

Alte Kaffeewirtschaft

Himbeersahne-Torte

BISKUITTEIG:
4 Eier
2 EL warmes Wasser
175 g feiner Zucker
1 Pck. Vanillezucker
1 Prise Salz
geriebene Schale 1 Zitrone
(unbehandelt)
100 g Mehl
100 g Speisestärke
2 gestr. TL Backpulver
30 g Kakao

FÜLLUNG:
800 ml Schlagsahne
(35 % Fettgehalt)
500 g Himbeeren
Mandelsplitter zum Verzieren

Eier trennen. Eigelb mit Wasser schaumig rühren. Nach und nach Zucker, Vanillezucker, Salz und Zitronenschale dazugeben. Die Masse cremig schlagen. Eiweiß zu steifem Schnee schlagen und auf die Eigelbcreme geben. Mehl, Speisestärke, Backpulver und Kakao mischen, auf die Eiweißmasse sieben und vorsichtig unterheben. Teig in eine mit Backpapier ausgelegte Springform (26 cm Durchmesser) füllen. Sofort 20–30 Minuten bei 175–195 °C backen. Anschließend den Boden gut auskühlen lassen und in drei Teile schneiden. Sahne steif schlagen. 200 g Himbeeren mit dem Pürierstab pürieren und unter die Sahne mengen. Auf zwei Böden eine Schicht Sahne verstreichen, mit Himbeeren belegen und die drei Böden aufeinander setzen. Die ganze Torte mit Sahne einkleiden und ca. 1 Stunde kühl stellen. Anschließend mit Mandelsplittern und Früchten verzieren.

> **Tipp:**
> Der hohe Fettgehalt in der Sahne garantiert, dass keine Sahnestandmittel verwendet werden müssen.

> **Tipp:**
> Schlagsahne lässt sich auch farbig in Szene setzen. Zartrosa wird sie mit pürierten Erdbeeren.
> Gelblich mit etwas Eierlikör und einer Messerspitze Safran.
> Grünlich mit Pfefferminzlikör.

Aprikosen-Himbeer-Biskuit

Teig:
400 g Mehl und Mehl für die Arbeitsfläche
1 Prise Salz
80 g Zucker
200 g Butterflöckchen
1 Ei

Belag:
300 g Himbeeren
2 EL Zucker
2–3 Zweige Minze
2 kg Aprikosen
2 EL Aprikosenkonfitüre

Biskuit:
5 Eier
120 g Zucker
1 Prise Salz
100 g Mehl
70 g Speisestärke
2 TL Backpulver

Aus Mehl, Salz, Zucker, Butter, Ei und 3–4 EL kaltem Wasser einen glatten Teig kneten. Teig in Folie gewickelt 30 Minuten kalt stellen. Himbeeren verlesen, pürieren, zuckern und durch ein Sieb streichen. Minze abbrausen, Blätter fein hacken und unterrühren. Aprikosen einritzen, 1 Minute in kochendes Wasser legen, kalt abschrecken, häuten, halbieren und entsteinen. Ofen auf 200 °C vorheizen. Blech mit Backpapier belegen. Gekühlten Teig auf bemehlter Fläche ausrollen, aufs Blech legen, mehrmals mit einer Gabel einstechen und 15 Minuten backen. Himbeerpüree daraufstreichen, weitere 2 Minuten backen, dann herausnehmen. Ofentemperatur auf 175 °C reduzieren. Eier mit 3 EL heißem Wasser 1 Minute schlagen. Zucker, Salz einrieseln lassen, 2 Minuten weiter schlagen. Mehl, Stärke, Backpulver unterheben. Biskuit auf dem Kuchen verteilen. Aprikosen (Wölbung nach oben) darauf legen. Kuchen ca. 20 Minuten auf oberer Schiene backen. Konfitüre mit 2 EL Wasser aufkochen und Kuchen damit bepinseln.

Alte Kaffeewirtschaft

Mohn-Schmand-Torte

MÜRBETEIG:
1 Ei
150 g Mehl
60 g Zucker
60 g Butter
1 TL Backpulver
1 Prise Salz

CREME:
500 ml Milch
100 g Zucker
1 Pck. Vanillepuddingpulver
1 Pck. Mohnback
1 Becher Schmand

GUSS:
3 Eier
100 g Zucker
2 Becher Schmand
1 Pck. Vanillezucker

Aus den Teigzutaten einen Mürbeteig fertigen und eine halbe Stunde im Kühlschrank ruhen lassen. Für die Creme etwas kalte Milch abnehmen und das Puddingpulver mit dem Zucker darin anrühren. Restliche Milch zum Kochen bringen, Mohnmasse und Puddingpulver hinzufügen und aufkochen, bis die Masse andickt. Anschließend abkühlen lassen. 1 Becher Schmand unterrühren. Mürbeteig auf bemehlter Arbeitsfläche ausrollen und eine Springform (26 cm Durchmesser) damit bis zum Rand auslegen. Mohn-Schmand-Masse auf dem Mürbeteig verteilen. Für den Guss Zucker und Vanillezucker mit den Eiern verquirlen und vorsichtig den Schmand unterheben. Den Guss auf die Mohnmasse geben.

Backofen auf 140 °C vorheizen und die Torte darin 60–70 Minuten backen. Anschließend 30 Minuten im abgeschalteten, geschlossenen Backofen abkühlen lassen. Danach ausreichend kühlen, am besten eine Nacht in den Kühlschrank stellen.

TIPP:

Mürbeteig lässt sich sehr gut in einem großen Gefrierbeutel zubereiten. Die Zutaten in den Beutel geben und gut verkneten. So bleiben Hände und Arbeitsfläche sauber.

Alte Bauernhausdoppeltür mit geschliffenen Jugendstilmotiven.

Alte Kaffeewirtschaft

Schoko-Kirsch-Torte

200 g Schoko-Mürbeteigkekse
80 g Butter

Belag:
300 g Sauerkirschen (Glas)
3 Eier
70 g Zucker
200 g Doppelrahm-Frischkäse
400 g Magerquark
20 g Speisestärke
1 Pck. Vanillezucker
1 TL geriebene Orangenschale (unbehandelt)
Saft von ½ Orange
Puderzucker zum Garnieren

Backofen auf 175 °C vorheizen. Kekse zerbröseln. Butter zerlassen und mit den Keksen mischen. Masse in die mit Backpapier ausgelegte Springform (26 cm Durchmesser) drücken. Kirschen aus dem Glas abtropfen lassen. Eier trennen. Eiweiß steif schlagen, dabei 1 EL Zucker einrieseln lassen. Eigelb mit Frischkäse, Quark, Stärke, restlichem Zucker, Vanillezucker, Orangenschale und -saft verrühren. Eischnee unterheben. Masse in die Form füllen. Kirschen auf der Käsemasse verteilen. Kuchen im Ofen bei 175 °C etwa 50 Minuten backen. Evtl. mit Alufolie bedecken.
Abgekühlten Kuchen mit Puderzucker bestäubt servieren.

Tipp:
Blechkuchen lässt sich viel leichter von der Platte lösen, wenn man das Blech direkt nach dem Backen auf ein feuchtes Tuch stellt.

Stachelbeerkuchen vom Blech mit Baiserhaube

4 Eier
200 g Zucker
200 ml Schlagsahne (35 % Fettgehalt)
Vanillearoma
300 g Mehl
100 g Buchweizenmehl
1 Pck. Backpulver
800 g Stachelbeeren a.d. Glas
1 Pck. Vanillepuddingpulver
1 EL Speisestärke
4 Eiweiß
200 g Zucker
100 g Mandelblättchen

Eier und Zucker schaumig rühren. Flüssige Sahne und Vanillearoma dazugeben. Nach und nach Mehl und Backpulver darunterrühren. Den Teig auf ein gefettetes Backblech streichen und 20 Minuten bei 180 °C auf der mittleren Schiene backen. Die Stachelbeeren auf einem Sieb abtropfen lassen und den Saft auffangen. Die Flüssigkeit aufkochen und mit dem Puddingpulver und der Speisestärke andicken. Früchte untermischen, etwas abkühlen lassen und auf dem fertig gebackenen Kuchen verstreichen. 4 Eiweiß sehr steif schlagen, mit 200 g Zucker vermengen und als Haube auf den Früchten verteilen. Mit Mandelblättchen bestreuen und ca. 25 Minuten abbacken, bis der Eischnee fest wird.

Alte Kaffeewirtschaft

Eierlikörkaffee

4 Personen

4 Tassen heißer Kaffee
8 cl Eierlikör
2 cl Rum
2 EL Zucker
200 ml Schlagsahne
gehackte Mandeln und Pistazien

Kaffee mit Eierlikör, Rum und Zucker verquirlen.
Sahne steif schlagen und als Sahnehaube auf die Tassen verteilen. Die gehackten Mandeln und Pistazien rösten und die Sahnehaube damit bestreuen.

Zwetschgen-Rührkuchen

1,2 kg Zwetschgen
250 g weiche Butter
250 g Zucker
2 Pck. Bourbon-Vanillezucker
4 Eier
abgeriebene Schale 1 Zitrone (unbehandelt)
350 g Mehl
1 Pck. Backpulver
60 g Zwieback, zerbröselt
1 TL Zimt, gemahlen

Zwetschgen waschen, halbieren und entsteinen. Butter mit Zucker und 1 Päckchen Vanillezucker cremig schlagen. Nacheinander Eier und Zitronenschale unterrühren. Mehl und Backpulver mischen und zügig unterrühren. Backblech mit Backpapier belegen. Teig auf das Blech geben, glatt streichen. Zwiebackbrösel, Zimt und restlichen Vanillezucker mischen. Die Hälfte davon auf den Teig streuen. Backofen auf 180 °C vorheizen. Teig mit den Früchten belegen, Früchte dabei etwas andrücken. Restliche Bröselmischung darüberstreuen. Auf der zweiten Schiene von unten 40–50 Minuten backen. Blech herausnehmen und auskühlen lassen.
Dazu steif geschlagene Sahne servieren.

Tipp:

Rührkuchen schmecken besonders raffiniert, wenn man die Napf- oder Kastenform nach dem Einfetten statt mit Mehl oder Paniermehl mit Instant-Kaffeepulver ausstreut.

Alte Kaffeewirtschaft

Tarte Tatin

2,5 kg säuerliche Äpfel
200 g Butter
1 Vanilleschote
200 g Zucker
250 g TK-Blätterteig

Äpfel waschen, schälen, vierteln und das Kerngehäuse entfernen.
Eine Tarteform von 26 cm Durchmesser mit 160 g Butter ausstreichen. Die Vanilleschote längs aufschlitzen, das Mark herausschaben und mit 150 g Zucker mischen. Backofen auf 150 °C vorheizen. Boden und Rand der Tarteform mit dem Vanillezucker bestreuen. Apfelviertel rosettenförmig in die Form legen. Mit 50 g Zucker bestreuen. Die übrige Butter in Flöckchen darauf verteilen. Die Kuchenform mit Alufolie abdecken und im Ofen bei 150 °C ca. 1 Stunde backen, damit die Äpfel karamellisieren. Die Blätterteigplatten auftauen, aufeinander legen, in der Größe der Tarteform ausrollen und mehrere Male mit einer Gabel einstechen. Tarteform aus dem Ofen nehmen, Alufolie entfernen, den ausgerollten Blätterteig auf die Äpfel legen. Ofentemperatur auf 175 °C erhöhen. Tarte im Ofen ca. 20 Minuten goldbraun backen.
Noch heiß stürzen. Dazu steif geschlagene Schlagsahne reichen.

Johannisbeerkuchen mit Mandelkrokant

800 g rote Johannisbeeren
5 Eier
200 g Zucker
1 Prise Salz
einige Tropfen Butter-Vanille-Aroma
250 g weiche Butter
450 g Mehl
1 Pck. Backpulver
evtl. Milch

Belag:
100 g Butter
150 g Zucker
2 EL Honig
200 g Mandelblättchen
50 g Schlagsahne

Tipp:
Der Kuchen lässt sich sehr gut einfrieren.
Nach dem Auftauen Kuchen im Backofen kurz erwärmen.

Backofen auf 200 °C vorheizen. Johannisbeeren waschen, verlesen, von den Stielen zupfen und trockentupfen. Eier mit Zucker, Salz und Butter-Vanille-Aroma 5 Minuten schaumig schlagen. Butter unterrühren. Mehl und Backpulver einrühren, eventuell noch etwas Milch dazugeben. Backblech mit Backpapier auslegen, Teig darauf streichen. Johannisbeeren darauf verteilen. Kuchen im Ofen 30 Minuten backen. Inzwischen für den Belag Butter mit Zucker, Honig, Mandelblättchen und Sahne 10 Minuten köcheln lassen. Kuchen aus dem Ofen nehmen, Mandelmasse darauf verteilen und den Kuchen bei 200 °C weitere 10 Minuten backen.

Alte Scheune

Alte Scheune

Fünfunddreißig Jahre wohne ich nun schon in Schleswig-Holstein, habe durch meine Lesungen Kontakt zu den Landfrauen und verfolge im Bauernblatt die Empfehlungen, sich auch für die Tourismusbranche zu öffnen. Ferien auf dem Bauernhof, Hofläden und Hofcafés sind vielfach zu zusätzlichen Standbeinen geworden. Geradezu mustergültig ist das Birgit Stotz gelungen. Sie machte eine klassische Ausbildung zur ländlichen Hauswirtschafterin mit Abschlussprüfung.

Mit ihrem Mann Thomas Thede erwarb sie eine historische Scheune direkt am Nord-Ostsee-Kanal in Breiholz, und nach der Renovierung eröffnete sie hier ein Scheunencafé. Eine kleine Sensation war perfekt, weil alles bilderbuchmäßig

Man kann hier auch sein Familienfest wie Hochzeit, Geburtstag, Konfirmation und Jubiläum feiern. Außerdem gibt es unterschiedliche Events wie Grünkohl-, Rübenmus- und Steakessen sowie Weinproben.

Im neuen Glanz erstrahlt die unter Denkmalschutz stehende alte Scheune direkt am Nord-Ostsee-Kanal in Breiholz. 1919 wurde sie als Pferdestall für die Moorkultivierung erbaut. Als Café „Alte Scheune" ist sie heute ein beliebtes Ausflugsziel.

Alte Scheune

Schönes altes Eichebuffet. Hier kann man auch kleine Geschenke kaufen, selbst gemachte Marmelade, aufgesetzte Liköre, Kerzen, Servietten und Geschirr.

zusammen passt: eine Landfrau, eine Familie, die sie hundertprozentig unterstützt, eine historische Bilderbuchscheune, die direkt am viel befahrenen Nord-Ostsee-Kanal liegt. Hier hat man den Eindruck, dass die Traumschiffe am Kaffeetisch entlangschaben. Last, but not least ist Birgit Stotz eine der besten Konditorinnen, denen ich je begegnet bin. Ihre Torten sind einzigartige Kompositionen, die nicht zu toppen sind. Wen wundert's, dass der Slogan umgeht: „Wer hier um zwei Uhr noch keinen Sitzplatz ergattert hat, hat keine Chance mehr." In der Nähe von Rendsburg setzte ich mit der Fähre Breiholz über den Kanal und war dann ganz schnell an der „Alten Scheune". Schon von weitem sah ich die im Wind flatternden Tischtücher und Sonnenschirme, denn bei schönem Wetter sitzt man hier natürlich draußen auf der Terrasse. Drinnen ist es sehr gemütlich eingerichtet, teilweise mit antiken Möbeln.

Ein Shop ist in das Café integriert, in dem die Gäste Mitbringsel für ihre Lieben daheim erwerben können. Wer die Nähe zu den Schiffen aus aller Welt länger genießen möchte, kann sich in einer Ferienwohnung mit Blick auf den Nord-Ostsee-Kanal einmieten und das sprichwörtliche Landleben hautnah spüren.

Der Nord-Ostsee-Kanal, die meistbefahrene Wasserstraße der Welt, direkt vor der Haustür.

 Alte Scheune

Alte Scheune

Die geschmackvoll gedeckte Kaffeetafel lädt zum Bleiben ein. Das Sofa und sein Umbau bilden eine Möbeleinheit.

Alte Scheune

Feigen-Cassis-Torte

RÜHRTEIG:
80 g Margarine
100 g Zucker
200 g gemahlene Mandeln
2–3 TL Spekulatiusgewürz
½ Pck. Backpulver
1–2 EL Mehl
4 Eier

CASSIS-FEIGEN:
500 g gem. rote TK-Früchte
150 ml Portwein
0,2 cl Cassislikör
100 g Zucker
1 Stück Orangenschale (unbehandelt)
1 Pck. Bourbon-Vanillezucker
1 Prise Zimt
1 Dose Feigen (210 g Abtropfgewicht)
1 Pck. Vanillepuddingpulver

CREME:
250 g Mascarpone
250 g Magerquark
180 g Zucker
2 EL Zimt
6 Blatt Gelatine
250 ml Schlagsahne
frische Feigen zum Garnieren

Margarine mit dem Handrührgerät schaumig schlagen. Zwei Drittel des Zuckers hinzugeben und darin unter Rühren auflösen. Eier trennen. Das Eigelb zur aufgeschlagenen Margarine in die Schüssel geben. Margarine, Zucker und Eigelb dick und goldgelb aufschlagen. Das Mehl mit dem Backpulver darübersieben und mit dem Schneebesen nur kurz untermischen. Mandeln und Spekulatiusgewürz hinzugeben. Eiweiß steif schlagen, dabei den restlichen Zucker zufügen. Etwas Eischnee unter die Masse rühren, um sie zu lockern. Den restlichen Eischnee erst jetzt behutsam untermischen. Den Teig in eine vorbereitete Springform (28 cm Durchmesser) füllen, glattstreichen. Im vorgeheizten Backofen bei 180 °C 25–30 Minuten backen. Für die Cassis-Feigen die TK-Früchte, Portwein, Cassislikör, Zucker, Orangenschale, Bourbon-Vanille und Zimt in einem Topf aufkochen und ca. 10 Minuten köcheln lassen. Anschließend durch ein Sieb streichen.

Feigen auf einem Sieb abtropfen lassen und den Saft auffangen.

Etwas Feigensaft mit 60 g Puddingpulver verrühren und die Cassis-Soße damit andicken. Klein geschnittene Feigen unter die Soße rühren. Die Cassis-Feigen anschließend auf dem Tortenboden verteilen und abkühlen lassen.

Für die Creme Mascarpone, Quark, Zucker und Zimt miteinander verrühren. Gelatine nach Packungsanleitung einweichen, auflösen und unter die Creme rühren, danach kühl stellen, bis sie dicklich wird. Sahne steif schlagen, unter die gekühlte Creme heben und auf der Cassis-Feigen-Masse verteilen. Torte mindestens 5–6 Stunden kalt stellen. Am besten über Nacht in den Kühlschrank.

Die Torte mit Zimt, Sahne und frischen Feigen garnieren.

Bananen-Schoko-Torte

BISKUITTEIG:
5 Eigelb
5 Eiweiß, steif geschlagen
100 g Margarine
100 g Zucker
2 EL Rum
2 EL Eierlikör
200 g gemahlene Mandeln
100 g geraspelte Schokolade
2 EL echter Kakao
1 TL Backpulver

FÜLLUNG:
150 ml Schlagsahne
100 g Vollmilchschokolade
100 g Zartbitterschokolade

6 Bananen, halbiert
500 ml Schlagsahne, steif geschlagen
Schokoröllchen und Mandelsplitter für die Dekoration

Eigelb, Margarine, Zucker, Rum und Eierlikör schaumig schlagen. Mandeln, geraspelte Schokolade, Kakao und Backpulver unterrühren. Danach den Eischnee vorsichtig unterheben. Teig in eine Springform (28 cm Durchmesser) füllen und im vorgeheizten Backofen bei 175 °C 30 Minuten backen. Danach abkühlen lassen. 150 ml Sahne und Schokolade in einem Topf bei kleiner Flamme schmelzen und unter Rühren abkühlen lassen. Bananen halbieren und auf dem Tortenboden verteilen. Steif geschlagene Sahne auf die Bananen geben und glattstreichen. Das abgekühlte Sahne-Schokoladen-Gemisch auf der Sahne verteilen und in den Kühlschrank stellen. Torte mit Sahnetuffs, Schokoröllchen und Mandelsplittern dekorieren.

 Alte Scheune

Apfel-Buchweizen-Torte

BISKUITTEIG:
5 Eigelb
175 g Rohrzucker
125 g Buchweizenmehl
50 g Mehl
1 TL Backpulver
75 ml Wasser

FÜLLUNG:
4 Äpfel, geschält und gewürfelt
300 ml Apfelsaft
1 Pck. Vanillezucker
2 EL Zitronensaft
1 Prise Zimt
1 Pck. Vanillepuddingpulver
3 Becher Schlagsahne (à 200 ml)
Apfelscheiben und Minzeblättchen
für die Dekoration

Eigelb und Rohrzucker schaumig schlagen. Buchweizenmehl, Mehl und Backpulver durchsieben und mit dem Wasser unterrühren. Teig in eine Springform (28 cm Durchmesser) füllen und im vorgeheizten Backofen bei 175 °C 35–45 Minuten backen. Danach auskühlen lassen.

Für das Apfelkompott Apfelwürfel, Apfelsaft, Vanillezucker, Zitronensaft und Zimt köcheln lassen, bis die Äpfel weich sind. Vanillepuddingpulver mit etwas Apfelsaft anrühren und das Apfelkompott damit andicken. Danach abkühlen lassen.

Den Tortenboden einmal waagerecht durchschneiden. Das Kompott auf dem unteren Boden verstreichen. 400 ml Sahne steif schlagen und auf dem Kompott verteilen. Den zweiten Boden darauflegen. 200 ml Sahne steif schlagen, den oberen Boden und den Rand damit bestreichen. Mit Sahnetuffs, Zimt, Apfelscheiben (in Zitronensaft wenden) und Minzeblättchen dekorieren.

Eierkaffee

500 g Kaffee
1 Stück Zucker
1 Prise Salz
6 Eier
ca. 500 ml Wasser

Kaffee, Zucker, Salz, Eier und Wasser zu einem „Brei" verrühren.

10 Liter Wasser aufkochen, den „Brei" dazugeben und abermals aufkochen lassen. Mit einer Tasse kaltem Wasser abschrecken. Hitze reduzieren und den Kaffee ca. 15 Minuten ziehen lassen. In dieser Zeit setzt sich das Kaffeemehl auf dem Boden des Topfes ab. Die Flüssigkeit durch ein fest gewebtes Baumwolltuch filtern. Den fertigen Kaffee heiß halten, aber nicht kochen.

Dieser Kaffee ist frei von Reizstoffen. Daher auch bei Magenproblemen zu empfehlen.

Alte Scheune

Auch Tochter Leevken hilft im Café. Die Zubereitung des Dithmarscher Eierkaffees (nach Großmutters Rezept), auch Hochzeitskaffee genannt, übernimmt sie gerne.

 Alte Scheune

Haselnuss-Pflaumen-Torte

RÜHRTEIG:
200 g Margarine
200 g Zucker
3 Eier
250 g Mehl
2 TL Backpulver

BELAG:
50 g Butter
75 g Zucker
100 ml Schlagsahne
100 g gehobelte Haselnussblättchen

FÜLLUNG:
1 Glas Pflaumen (395 g Abtropfgewicht)
etwas Kirschsaft
1 Pck. Vanillepuddingpulver

2. FÜLLUNG:
250 g Mascarpone
200 g Schmand
75 g Zucker
1 Pck. Vanillezucker
6 EL Amaretto
6 Blatt weiße Gelatine
450 ml Schlagsahne
geh. Nüsse und Zitronenmelisse zum Verzieren

Die Australien-Sheppard-Hündin „Puma" bewacht die Garten-Stecker aus Keramik, die man in der Alten Scheune käuflich erwerben kann.

Aus Margarine, Zucker, Eiern, Mehl und Backpulver einen Rührteig herstellen. Den Teig in eine vorbereitete Springform (28 cm Durchmesser) füllen und im vorgeheizten Backofen bei 200 °C 20 Minuten anbacken.

Für den Belag Butter, Zucker, Sahne und Haselnussblättchen in einem Topf 2 Minuten köcheln lassen. Danach auf dem vorgebackenen Tortenboden verteilen und weitere 20 Minuten fertigbacken. Anschließend auskühlen lassen und den Boden einmal waagerecht durchschneiden.

Für die erste Füllung die Pflaumen mit Saft in einen Topf geben und kurz köcheln lassen. Puddingpulver mit etwas Kirschsaft verrühren und das Kompott damit andicken. Anschließend auf dem unteren Boden verteilen und auskühlen lassen. Mascarpone, Schmand, Zucker, Vanillezucker und Amaretto zu einer Creme verrühren. Gelatine nach Packungsanleitung einweichen, auflösen und unter die Creme rühren. Sahne steif schlagen und unter die Masse heben. Creme auf dem Pflaumenkompott verteilen. Den Tortendeckel in 12 Stücke schneiden, auf die Creme setzen und mit geschlagener Sahne, Pflaumen, gehackten Nüssen und Zitronenmelisse verzieren.

Mandarinen-Schmand-Torte

Biskuitteig:
4 Eiweiß
130 g Zucker
4 Eigelb
95 g Mehl
65 g Speisestärke
1 TL Backpulver

Füllung:
600 g Schmand
130 g Zucker
Saft und Schale 1 Zitrone (unbehandelt)
6 Blatt weiße Gelatine
3 kl. Dosen Mandarinen
(à 175 g Abtropfgewicht)
500 ml Sahne
1 Pck. Getränkepulver, orange (Quench)
50 g Puderzucker

Eiweiß steif schlagen und den Zucker vorsichtig einrieseln lassen. Nach und nach das Eigelb unterrühren. Mehl, Speisestärke und Backpulver durchsieben und unterheben. Teig in eine Springform füllen (28 cm Durchmesser) und im vorgeheizten Backofen bei 175 °C 22 Minuten backen. Danach abkühlen lassen und den Boden einmal waagerecht durchschneiden.

Für die Füllung Schmand, Zucker, Zitronenschale und -saft schaumig schlagen. Gelatine nach Packungsanleitung einweichen und auflösen, mit ein wenig Schmand verrühren und unter die gesamte Schmandmasse rühren.

Mandarinen abtropfen lassen (einige Scheiben für die Dekoration aufheben) und ebenfalls unter die Schmandmasse geben. Anschließend die Masse auf dem unteren Boden verteilen. Oberen Boden darauflegen und die Torte ca. 4 Stunden in den Kühlschrank stellen.

500 ml Sahne fast steif schlagen, Getränkepulver und Puderzucker dazugeben und mit der Sahne steif schlagen.

Die Orangensahne auf den zweiten Boden geben und „wellenförmig" verstreichen.

Mit Sahne und Mandarinen dekorieren.

Antik - und Gartencafé
im Volkskunde Museum

Antik- und Gartencafé

Der Museumsgarten des Volkskunde Museums ist nach dem Vorbild schleswig-holsteinischer Hausgärten der Zeit um 1900 angelegt. Er verbindet einen vielseitig bepflanzten historischen Nutzgarten und einen prächtigen Blumengarten. Der angrenzende Kaffeegarten des Cafés bietet Gelegenheit zur Entspannung.

Im Nordwesten der Stadt Schleswig steht das bedeutendste Schloss des Landes: Gottorf. Seit 1161 war es Sitz der Herzöge von Schleswig und später der des dänischen Statthalters. Seit 1948 beherbergt es das Schleswig-Holsteinische Landesmuseum. Das dazugehörige Volkskunde Museum befindet sich auf dem Hesterberg in 500 Meter Entfernung und ist umgeben von einem wunderschönen historischen Garten, an dem auch das Museums-Café liegt. Es ist mit sehr viel Liebe für Stil und Dekoration eingerichtet, und das Betreiberehepaar Sörensen ist mit Recht stolz darauf.

Wie so oft im Leben begann alles durch einen großen Zufall. Die Sörensens machten sich im Sommer 2003 einen schönen Tag auf dem Schlossgelände Gottorf. Nach langen Spaziergängen durch den Park wollten sie sich im Café des Volkskunde Museums Kaffee und Kuchen gönnen. Jedoch an der Eingangstür hing ein Schild „Wegen Besitzerwechsels geschlossen". Da liefen sie dem damaligen Chef des Museums, Dr. Heinrich Mehl, in die Arme. Ein Wort gab das andere, und nach 10 Minuten hatten sie schon den Schlüssel für das Café in der Hand. „Schauen Sie es sich in Ruhe an und überlegen Sie, ob Sie dieses Kleinod pachten möchten", sagte Dr. Mehl. „Es ist komplett eingerichtet, und Sie können sofort anfangen." Kurzum, die Sörensens verliebten sich in das antike Café,

Antik- und Gartencafé

verfügten sie doch über gastronomische Erfahrungen mit ihrem eigenen Restaurant in Eckernförde. Schon nach ein paar Tagen unterschrieben sie einen Vertrag mit dem Volkskunde Museum. Ihr Motto war: Die antike Einrichtung erhalten oder gar noch verschönern. Und: Kaffee und Kuchen müssen immer vom Besten sein. Frau Sörensen ist eine ganz ausgezeichnete Konditorin und eine liebevolle Gastgeberin und Herr Sörensen ein großer Kaffeefan. Maschinen und Automaten kommen ihm nicht ins Haus. „Hier wird noch alles auf herkömmliche Weise gemacht. Seien Sie mal ehrlich, der Duft eines richtig durchgezogenen Filterkaffees schafft doch eine besondere Atmosphäre! Er muss sein Aroma erst entwickeln. Und ein Cappuccino wird bei uns noch in mehreren Arbeitsgängen hergestellt. Dann ist er ein Genuss, und auf das alles sind wir stolz!" Das können sie auch sein, denn die Sörensens haben mit ihrer „altmodischen" Berufsauffassung großen Erfolg.

Wir möchten nicht versäumen, neben dem Besuch des Schlosses Gottorf und des Volkskunde Museums einen Spaziergang durch den Schlosspark zu empfehlen. Hier bietet sich der Gartenpfad an, der vom Schloss Gottorf über den Neuwerkgarten zum Volkskunde Museum mit seinem idyllischen Museumsgarten führt. Schlossinsel, Schlossallee, Schilflandschaft an der Schlei, Herkulesstatue mit siebenköpfiger Hydra und Riesenglobus des 17. Jahrhunderts sind dort zu erleben. Nach dieser langen Bildungswanderung hat man sich Kaffee und Kuchen wahrlich verdient und wird vom Ehepaar Sörensen herzlich empfangen.

Eine Attraktion für Groß und Klein ist der angrenzende original erhaltene Kaufmannsladen des Museums. Man fühlt sich in seine Kindheit versetzt und findet sogar noch alte Muckefuckdosen.

Ein typisches Bild aus alter Zeit: Dem Besuch wurde früher das ganz besondere Geschirr präsentiert. Auch die Sörensens decken auf besonderen Wunsch diese kostbaren Sammeltassen ein.

 Antik - und Gartencafé

Antik - und Gartencafé

In den Innenräumen mit ihren wunderschönen Antiquitäten entdeckt man viel Liebe fürs Detail und fühlt sich in eine andere Zeit versetzt. Hier lässt man sich gerne vom Ehepaar Sörensen mit traumhaften Torten und Getränken verwöhnen.

Antik- und Gartencafé

Himmelstorte

BÖDEN:
250 g weiche Butter
200 g Zucker
1 Pck. Vanillinzucker
4 Eigelb
1 Prise Salz
250 g Weizenmehl
2 TL Backpulver
4 Eiweiß, sehr steif geschlagen
4 EL Zucker
200 g Mandelblättchen

FÜLLUNG:
500 g Johannisbeeren
100 g Puderzucker
500 ml Schlagsahne, steif geschlagen

Butter, Zucker, Vanillinzucker, Eigelb und Salz schaumig rühren.
Mehl und Backpulver unterrühren. 4 Böden einer Tortenform (28 cm Durchmesser) einfetten und jeweils ein Viertel des Teigs darauf verteilen, dann das Eiweiß auf die Böden streichen. Darüber je 1 EL Zucker streuen und mit Mandelblättchen belegen. Ca. 15–20 Minuten bei 180 °C backen. Sollte man keine vier Tortenformböden besitzen, müssen die Teigböden nacheinander gebacken werden. Johannisbeeren waschen, verlesen und von den Rispen zupfen. Mit Puderzucker bestreuen. Anschließend unter die Sahne heben.
Drei einzelne Böden mit der Füllung bestreichen und übereinander legen. Der vierte Boden bildet die Decke. Torte mit Johannisbeerrispen verzieren.

Antik- und Gartencafé

Pharisäer-Torte

TEIG:
4 Eier
80 g Zucker
2 EL Instant-Kaffeepulver
1 Pck. Vanillinzucker
1 Prise Salz
75 g Mehl
25 g Speisestärke
1 TL Backpulver

FÜLLUNG:
1 Pck. Gelatine, gemahlen
250 ml Milch
50 g Zucker
4 Eigelb
6 EL Rum
250 ml Schlagsahne
Schokoraspel

Eier, Zucker, Vanillinzucker, Salz und Kaffeepulver sehr schaumig rühren. Mehl, Speisestärke und Backpulver unterrühren. Teig in eine gefettete Tortenform (28 cm Durchmesser) füllen und 30 Minuten bei 180 °C backen.
Danach den Boden erkalten lassen und einmal quer durchschneiden. Milch, Zucker und Eigelb unter Rühren erhitzen (nicht kochen) und schlagen, bis die Masse dicklich wird. Gelatine darin auflösen. Abkühlen lassen. Rum unterrühren. Sahne steif schlagen und mit der Masse verrühren.
Die Torte damit füllen und anschließend mit der Sahne einstreichen. Den Rand mit Schokoraspel verzieren.

KAFFEEKRÄNZCHEN

Während der Besuch von Cafés in vorigen Jahrhunderten reine Männersache war, bildeten sich bei den Frauen die so genannten „Kaffeekränzchen". Der Besuch eines Cafés galt für sie als unschicklich, und darum trafen sie sich in ihren privaten Räumen, um die Neuigkeit aus Übersee, den Kaffee, zu zelebrieren. Auch wollten sie damit ihre Eigenständigkeit demonstrieren, denn Männer waren in diesen Kreisen nicht zugelassen. Ganz unter sich wollten die Damen Kaffee und Kuchen genießen, sich austauschen und ihr Porzellan vorzeigen.
Der Name Kaffeekränzchen hat seinen Ursprung in der alten deutschen Sitte, nach der Gastgeber bei großen Feiern einen Kranz auf dem Haupte trugen. Nach dem Fest wurde er an eine Person weitergereicht, die das nächste Fest auszurichten hatte. Die Zusammenkünfte der Damen zu Kaffee und Kuchen waren aber nur kleine Feste und erhielten daher den Namen „Kaffeekränzchen".

Antik- und Gartencafé

Muckefuck

Not macht erfinderisch. In schlechten Zeiten, etwa zu Napoleons Kontinentalsperre oder den beiden Weltkriegen, wurde der Kaffee knapp. Um ihn weiterhin genießen zu können, wurde Ersatzkaffee, französisch: *Mocca Faux* (falscher Mokka) erfunden. Daraus entstand die deutsche Verballhornung Muckefuck. Man röstete verschiedene Getreidesorten, versuchte es mit Malzkaffee und verfeinerte den Geschmack mit allem Möglichen, zum Beispiel Zichorie, bis endlich ein wohlriechendes und trinkbares Gebräu dabei herauskam, auch Kinderkaffee genannt. Die Berliner nannten es Lorke.

Die liebgewordene Gewohnheit, seinen Kaffee zu trinken, konnte beibehalten werden, und Nervenschwache hatten den Vorteil, dass das Getränk kein Koffein enthielt. Heute wird Malzkaffee oder Muckefuck in vielen Cafés angeboten – aus Nostalgiegründen oder „weil's einfach gesünder ist".

Als besonderes Getränk wird im Café der „Muckefuck" serviert.

Antik- und Gartencafé

Schokoladen-Napfkuchen

250 g Margarine
375 g Zucker
6 Eier
250 g Mehl
2 TL Backpulver
1 Tasse Kaffee
3 EL Kakao
200 g gemahlene Nüsse

Margarine, Zucker und Eier schaumig rühren. Anschließend Mehl und Backpulver hinzugeben. Danach Kaffee, Kakao und gemahlene Nüsse unterrühren. Napfkuchenform mit Fett ausstreichen und den Teig hineinfüllen. Bei 180 °C ca. 60 Minuten backen.

Bienenstich

4 Eier
200 g Zucker
100 g Mehl
50 g geschmolzene Butter
1 Pck. Vanillezucker
100 g Mandelblättchen
4 Becher Schlagsahne (à 200 ml)
2 Pck. Paradiescreme, Vanille oder Zitrone

Eier und Zucker ca. 5 Minuten schaumig schlagen. Anschließend das Mehl unterrühren. Eine Tortenform (28 cm Durchmesser) mit Backpapier auslegen. Teig hineingießen und glattstreichen. Geschmolzene Butter über den Teig gießen. Den Vanillezucker darauf verteilen. Mit Mandelblättchen bestreuen. 20 Minuten bei 180 °C backen.
Kuchen abkühlen lassen, danach einmal quer durchschneiden. Die Sahne mit der Paradiescreme verrühren und den Kuchen damit füllen.

 *Antik- und Gartencafé*

Rhabarbertorte mit Baiserhaube

100 g Margarine
100 g Zucker
4 Eier
250 g Mehl
1 TL Backpulver
750 g Rhabarber
250 g Zucker

Eier trennen. Aus Margarine, 100 g Zucker, 4 Eigelb, Mehl und Backpulver einen Rührteig herstellen. In eine Tortenform (26 cm Durchmesser) geben und einen Rand hochziehen. Rhabarber putzen, waschen, fein schneiden und auf dem Teig verteilen. Kuchen bei 180 °C ca. 25 Minuten backen.
4 Eiweiß mit 250 g Zucker sehr steif schlagen. Torte aus dem Ofen nehmen. Eischnee als Haube auf dem Kuchen verteilen und nochmals 25 Minuten bei 180 °C backen.

Tipp:
Baiserhauben auf Torten lassen sich leichter schneiden, wenn man ein gefettetes Messer benutzt.

Sonnenblumenplätzchen

3 Eier
250 g brauner Zucker
500 g Sonnenblumenkerne
250 g gehackte Mandeln

Eier und Zucker schaumig rühren. Sonnenblumenkerne und Mandeln unterrühren. Backblech mit Backpapier belegen. Mit einem Teelöffel kleine Häufchen abstechen und auf das Backblech setzen. Ca. 8–10 Minuten bei 165–175 °C backen.

Stachelbeerlikör

2 Gläser Stachelbeeren (680 g Füllmenge)
500 g brauner Zucker
2 Fl. Korn (32 Vol.-%), (0,7 l)

Alle Zutaten, inklusive Stachelbeersaft, miteinander vermischen und in einen verschließbaren Behälter füllen. Gefäß immer wieder schütteln, damit sich der Zucker auflöst. Dieses dauert ca. 2–3 Tage. Anschließend den Inhalt durch ein feines Sieb gießen und den Likör in Flaschen füllen.

Antik - und Gartencafé

Stilecht zum Kaffee passt der selbst gemachte Stachelbeer-Likör.

Hofcafé Fünf Linden

Hofcafé Fünf Linden

Das Hofcafé „Fünf Linden" in Hemmingstedt bei Heide habe ich ausgesucht, weil es so typisch ist für viele, viele Hofcafés in Norddeutschland. Und doch hat es etwas Besonderes.

Aber von vorne! Frau Maren Pankonin erzählt: „Mein Vater war Bauer und kaufte diesen Hof 1963. Wir zogen von Nordfriesland hierher, und von Anfang an war klar, dass er uns nur zum Teil ernähren konnte. Ich war zum Beispiel Büroangestellte, habe Lohnbuchhaltung gemacht und half in der Freizeit auf dem Hof, bevor die Kinder geboren wurden. Zum Backen hatte ich aber schon immer große Lust."

Als dann der Sohn und die Tochter groß waren, entschloss man sich, ein ganz kleines Hofcafé zu eröffnen. So nach dem Motto: Mal sehen, wie es sich anlässt. Aber da spielten die Behörden nicht mit: man braucht geräumige Damen- und Herrentoiletten und Küche, Tresen und Gasträume müssen bestimmten Anforderungen entsprechen. Also entschloss sich Familie Pankonin, die Schweinezucht auszuquartieren und die Gastronomie auf den ganzen Stall- und Tennentrakt auszuweiten. Jetzt wurde gebacken und ausprobiert ohne Ende, denn neue Rezepte mussten kreiert werden, ausgefallene Garnierungen mussten erdacht werden, und Omas alte Rezepte wurden aufgepeppt.

Die Durchfahrt, auch Diele genannt, wurde zum eigentlichen Gastraum umgebaut. Alles wurde verschönert, und auf dem Heuboden bzw. Kornspeicher wurde ein Shop „Geschenke und mehr" eingerichtet. Damit man auch hier die Möglichkeit hat, seine Mitbringsel in Ruhe aussuchen zu können, kann man sich ebenfalls zu Kaffee und Kuchen niederlassen. So haben die gastronomischen Räume Platz für 45 Personen, und in dem wunderschönen Garten unter den fünf Linden können bis zu 75 Gäste sitzen, ausspannen und die vielseitigen Torten genießen. Im April 2005 war Eröffnung.

Maren erzählt weiter: „Dies alles kann natürlich nur bewältigt werden, wenn die ganze Familie mithilft und man Freunde und Bekannte hat, die uns mit Rat und Tat zur Seite stehen. Ich backe die Tortenböden meistens abends, und wenn es soweit ist, fülle ich sie, kleide sie ein und verziere sie. Also immer frisch! In erster Linie werden Omas alte Rezepte verwandt, aber auch Mutter, Tante und andere Verwandte tragen zur Vielfalt unseres Angebotes bei."

So weit, so gut, das könnte die Story so manches Hofcafés sein, aber das versprochene Besondere ist beim Hofcafé Fünf Linden das Engagement der ganzen Crew, das sich auf das Publikum überträgt, sich in besonderer Freundlichkeit und Höflichkeit ausdrückt und sich natürlich in der Qualität der Torten und Kuchen widerspiegelt. Das hat sich herumgesprochen! Und so kann man sogar auf Bestellung einen Frühstückstisch buchen, denn das Café ist sommers wie winters voll besetzt. Nach dem Stress der Weihnachtstage und der Silvesternacht schnauft die Familie sechs Wochen aus, und dann geht's weiter mit Familien- und Betriebsfeiern. Auch Ausflugsbusse halten an der Strecke Meldorf–Heide in Hemmingstedt, Ortsteil Braaken.

Solange also alles so gut läuft wie bei Familie Pankonin, braucht man sich um die Hofcafés in Norddeutschland keine Sorgen zu machen. Und wenn die Qualität und der Service weiterhin stimmen, werden die Gäste hier noch viele Jahre einkehren und genießen.

Hofcafé Fünf Linden

Zitronenrolle auf einem Kaffeetisch. Im Andenkenshop im ehemaligen Kornspeicher: Geschenke und Mitbringsel.

 Hofcafé Fünf Linden

Hofcafé Fünf Linden

Die Tafeln im Hofcafé Fünf Linden sind immer mit viel Liebe fürs Detail eingedeckt. Passend zu Themen wie: Geburtstag, Hochzeit oder Jubiläum.

Hofcafé Fünf Linden

Schoko-Birnen-Torte

750 ml Schlagsahne mit
2 Tafeln Zartbitterschokolade (à 100 g)

BISKUITTEIG:
4 Eier
200 g Zucker
100 g Mehl
100 g Speisestärke
2 TL Backpulver

FÜLLUNG:
1 Dose Birnen (460 g Abtropfgewicht)
1 Pck. Vanillesoßenpulver (ohne Kochen)

Sahne und Schokolade aufkochen und kalt stellen. Eier trennen. Eiweiß steif schlagen. Eigelb mit dem Zucker zu einer cremigen Masse schlagen. Mehl, Backpulver und Speisestärke untermischen. Zum Schluss den Eischnee unterheben. Teig in eine Springform geben (28 cm Durchmesser) und bei 175 °C ca. 35 Minuten backen. Tortenboden auskühlen lassen und zweimal waagerecht durchschneiden. Birnen auf einem Sieb abtropfen lassen, Saft auffangen, Birnen zerkleinern. 200 ml Birnensaft mit dem Soßenpulver verrühren. Die gekühlte Schoko-Sahne-Mischung mit dem Handrührgerät steif schlagen, auf dem ersten Boden verstreichen und mit Birnen belegen. Danach mit dem angedickten Fruchtsaft bestreichen. Den zweiten Boden darauflegen und wie beim ersten Boden belegen. Die Torte mit dem dritten Boden bedecken. Die Ränder und die Oberfläche mit der Schoko-Sahne bestreichen und garnieren. Anschließend kühl stellen.

Eierlikör-Kirsch-Torte.

Hofcafé Fünf Linden

Schräge Ecken

2 Rechtecke TK-Blätterteig
2 Eiweiß
Zucker zum Wälzen
Rote Marmelade (Kirsch, Erdbeer, Johannisbeer)

Blätterteig leicht antauen lassen, etwas größer ausrollen und in kleine Dreiecke schneiden (ca. 5 cm). Oberfläche in Eiweiß tauchen und anschließend in Zucker wälzen. Einen Tupfer Marmelade in die Mitte setzen.
Ecken auf ein mit Backpapier ausgelegtes Backblech setzen und bei 170 °C ca. 10 Minuten backen.

Eierlikör - Kirsch - Torte

Nuss-Biskuitteig:
4 Eier
200 g Zucker
4 EL Wasser
80 g Mehl
80 g Speisestärke
2 TL Backpulver
100 g gemahlene Nüsse
50 g gemahlene Mandeln
2 EL Kakao

Füllung:
1 Glas Sauerkirschen (350 g Abtropfgewicht)
1 Pck. Vanillesoßenpulver (ohne Kochen)
750 ml Schlagsahne
Eierlikör
Schokoladenraspel

Eier trennen. Eiweiß steif schlagen. Eigelb mit Zucker und Wasser zu einer cremigen Masse schlagen. Mehl, Backpulver und Speisestärke unterheben. Nüsse, Mandeln und Kakao anschließend unterrühren. Springform (28 cm Durchmesser) mit Backpapier auslegen, den Teig hineingeben und im Heißluftofen bei 175 °C ca. 30–40 Minuten backen. Danach auskühlen lassen. Für die Füllung die Sahne steif schlagen. Sauerkirschen auf einem Sieb abtropfen lassen und den Saft auffangen. 200 ml des Kirschsaftes mit dem Vanillesoßenpulver anrühren.
Den Boden zweimal waagerecht durchschneiden. Auf dem ersten Boden eine Schicht Sahne verstreichen und die abgetropften Sauerkirschen darauf verteilen. Darauf den angedickten Kirschsaft geben. Den zweiten Boden darauflegen und mit einer Schicht Sahne bestreichen. Den dritten Boden darauflegen und Boden und Rand ebenfalls mit einer Schicht Sahne einkleiden. Den Tortenrand mit Sahnetupfern garnieren und die Mitte vorsichtig mit Eierlikör aufgießen.
Anschließend mit Schokoladenraspel garnieren und mit Sahne verzieren.

 Hofcafé Fünf Linden

Friesentorte

2 Pck. TK-Blätterteig (à 300 g)
2 Eigelb zum Bestreichen

Füllung:
750 g Pflaumenmus
4 EL Zwetschgenwasser
500 ml Schlagsahne
2 Pck. Vanillezucker
Backpflaumen ohne Stein zum Verzieren

Blätterteigplatten nebeneinanderlegen, antauen lassen, danach wieder aufeinanderlegen und zwei Quadrate ausrollen. Springformboden auf den Teig legen und zwei Kreise von 28 cm Durchmesser ausschneiden. Für die Verzierung aus den Teigresten kleine Halbmonde stechen. Backblech kalt abspülen. Böden und Halbmonde darauflegen. Mit einer Gabel Löcher in den Teig stechen. 30 Minuten ruhen lassen. Mit Eigelb bestreichen und im vorgeheizten Backofen bei 225 °C in 10–12 Minuten goldbraun backen.
Pflaumenmus mit dem Zwetschgenwasser verrühren und einen Boden damit bestreichen. Schlagsahne sehr steif schlagen und mit Vanillezucker süßen. Die Hälfte der Sahne auf das Pflaumenmus streichen. Den zweiten Boden darauflegen und leicht andrücken, mit der restlichen Sahne bestreichen und mit Backpflaumen und Halbmonden verzieren.

Tipp:
Blätterteigreste nicht zusammenkneten, sondern übereinanderlegen und ausrollen.

Zitronenrolle

Biskuitteig:
4 Eier
175 g Zucker
1 Pck. Vanillezucker
75 g Mehl
75 g Speisestärke
1 gestr. TL Backpulver

Füllung:
6 Blatt weiße Gelatine
Saft von 2 Zitronen
600 ml Schlagsahne für die Füllung
200 ml Schlagsahne für die Garnitur

Eier mit dem Zucker zu einer dicklichen, cremigen Masse schlagen. Vanillezucker dazugeben. Mehl, Speisestärke und Backpulver miteinander vermischen, auf die Eicreme sieben und vorsichtig unterheben. Den Teig auf ein mit Backpapier ausgelegtes Backblech streichen und im Heißluftofen bei 175 °C ca. 15 Minuten backen. Die Biskuitplatte auf ein leicht gezuckertes Geschirrhandtuch stürzen. Backpapier abziehen und den Boden mit einem feuchten Tuch abdecken und auskühlen lassen.
Gelatine nach Packungsanweisung einweichen und anschließend in leicht erwärmtem Zitronensaft auflösen. Die Mischung etwas abkühlen lassen. Schlagsahne für die Füllung sehr steif schlagen, Gelatine unterrühren und kühl stellen, damit alles fest wird. Die Sahne-Gelatine-Mischung auf die Biskuitplatte streichen und die lange Seite zu einer Biskuitrolle aufrollen. Die Enden geradeschneiden. Mit der restlichen Sahne einkleiden und verzieren.

Hofcafé Fünf Linden

Winterapfelpunsch

3 Gläser

500 ml Apfelsaft
½ Zimtstange
1 gestr. TL Lebkuchengewürz
2 EL Rosinen
2 EL Mandelstifte
Puderzucker
geriebene Schale von 1 Orange
(unbehandelt)
6 cl Amaretto
geschlagene Sahne
Zimtpulver

Apfelsaft, Zimtstange, Lebkuchengewürz, Rosinen, Mandeln und Orangenschale in einem Topf erhitzen (nicht kochen) und ca. 5 Minuten ziehen lassen. Zimtstange herausnehmen. Saft nach Geschmack mit Puderzucker süßen und in hitzebeständige Gläser füllen. Rosinen und Mandeln auf die Gläser verteilen. Pro Glas ca. 2 cl Amaretto hinzugeben. Mit einem Löffel Schlagsahne krönen, mit Zimtpulver bestreuen und mit einer Spirale aus Orangenschale garnieren. Auch ohne Amaretto schmeckt dieses Getränk köstlich.

Gelber Spanischer Wind

4 Eigelb
250 g Puderzucker
1 TL Hirschhornsalz
2 EL Kartoffelmehl

Eigelb und Puderzucker kräftig rühren, so dass eine cremige Masse entsteht. Hirschhornsalz und Kartoffelmehl unterheben. Backblech mit Backpapier belegen und mit einem Teelöffel kleine Häufchen daraufsetzen. Danach 1 Stunde stehen lassen, bis sich obendrauf eine Haut gebildet hat.
Anschließend 15–20 Minuten bei 140 °C backen. Abkühlen lassen und vom Blech heben.

Galerie-Café Meiforth

im Richardshof

Galerie-Café Meiforth

„Das erste Haus am Platze" – wie man so schön sagt, ist in St. Peter-Ording auf jeden Fall das Galerie-Café Meiforth im Richardshof – wenn man nämlich vom Eidersperrwerk auf das langgestreckte Nordseebad zufährt. Auf der Nordseeküstenstraße fährt man eine Zeit lang auf einem alten Deich, überquert einen Siel und erreicht dann auf einer Pappelallee den Ortsteil Wittendün. Gleich das erste Haus auf der rechten Seite, etwas erhöht auf einer Warft und von alten Bäumen umstanden, ist der alte Richardshof. Er ist ein 300 Jahre alter Hauberg, ein Bauernhaustyp wie man ihn nur auf Eiderstedt findet, reetgedeckt mit malerischen alten Türen und Fenstern, urgemütlich anzuschauen und sehr einladend. Betritt man das Galerie-Café, so verstärkt sich dieser Eindruck durch den unwiderstehlichen Geruch von Kaffee und Kuchen. Aber auch für das Auge des Besuchers hält die Chefin Ulrike Meiforth einige Überraschungen parat. Wunderschön und geschmackvoll sind die Räume und Kaffeetische dekoriert, sind die Kuchen und Gebäcke anzuschauen. Und auf den Kunstverständigen warten originale Gemälde – hier ist immer Ausstellung.

Als Galerie hat es vor 30 Jahren angefangen. Die Werke des bekannten Malers Hubert Meiforth, der hier wohnte und wirkte, wurden ausgestellt und wechselten sich mit Werken anderer Künstler ab.

Hubert Meiforth stammte aus einer preußischen Politiker- und Künstlerfamilie, und sein Hauptthema als Maler war die norddeutsche Landschaft.

Die Nachfahrin Ulrike Meiforth erweiterte vor zehn Jahren die Galerie zum Café und zur Pension mit Appartements, denn wer möchte nicht – gefangen von der Atmosphäre dieses

Galerie - Café Meiforth

Ständig wechselnde Kunstausstellungen, kleine Konzerte und Lesungen machen das Café zum Kunsttreff. Hier ein Gemälde vom Richardshof, gemalt von dem bekannten norddeutschen Maler Hubert Meiforth, dem Vorbesitzer des Hauses.

Überall im Café und um das Haus herum entdeckt man kleine Kunstwerke. Schmückte diese Galionsfigur einmal ein Schiff von Klaus Störtebeker?

Hauses – hier etwas länger verweilen. Fürsorglich betreut von dieser sympathischen Frau, die auch eine ausgezeichnete Konditorin ist, spezialisiert auf Tartes und Blechkuchen. Ihre Friesentarte und Blechkuchen, jeweils belegt mit Früchten der Saison, sind Highlights ihrer Kuchenauswahl. Wer möchte hier nicht in dem romantischen Garten sitzen, in die Weite blicken und sich mit einem Glas Holunder-Crémant verwöhnen lassen?

Was lange nachwirkt, ist der Eindruck von Stilsicherheit, Kunst, Gastfreundschaft und lukullischen Genüssen.

Alles ist mit so viel Liebe zur norddeutschen Küste dekoriert: Auf den Tischen stehen kleine Tabletts aus Treibholz, von der Hausherrin am Strand gesammelt, mit Zucker und Kandis, in Muscheln serviert.

Galerie - Café Meiforth

Galerie-Café Meiforth

Hier im Haubarg spürt man sofort die Behaglichkeit eines alten Eiderstedter Hauses. Die Kaffeetafel, eingedeckt mit Bunzlauer Keramik, lädt zu selbst gebackenen Kuchen vom Blech sowie originell servierten Tee- und Kaffeespezialitäten ein.

Galerie-Café Meiforth

Friesentarte

250 g Butter
250 g Zucker
4 Eier
300 g Mehl
1 TL Backpulver

BELAG:
100 g Zucker
200 g Butter
300 g Mehl

2 Gläser Pflaumenmus (à 450 g)
200 g Pflaumen (frisch oder aus dem Glas)
4 cl Cognac
Puderzucker
2 Becher Schlagsahne (à 200 ml)
Vanillezucker

Butter und Zucker mit dem Handrührgerät schaumig rühren. Eier dazugeben. Mehl und Backpulver vermischen, zur Masse geben und miteinander verrühren. Teig auf ein mit Backpapier belegtes Backblech streichen. Für den Streusel Zucker, Butter und Mehl miteinander ver-

> **TIPP:**
>
> Sahne kann man auch sehr gut mit Honig süßen. Dazu die Sahne mit etwas Honig in einen hohen Rührbecher geben und steif schlagen. Die Sahne erhält so eine feine Note.

Galerie - Café Meiforth

kneten, zerbröseln und auf dem Teig verteilen. Pflaumen waschen, entsteinen und halbieren. Anschließend mit dem Pflaumenmus und dem Cognac vermischen und auf die Teigmasse klecksen. Bei 180 °C Umluft 40 Minuten backen. Abkühlen lassen und mit Puderzucker bestäuben. Sahne steif schlagen, mit Vanillezucker süßen. Tarte mit einem dicken Klecks Sahne verzieren und servieren.

Fanta - Kuchen

4 Eier
300 g Zucker
300 g Mehl
1 Pck. Backpulver
160 ml Öl
160 ml Zitronenbrause

Belag:
250 g Butter
150 g Zucker
1 Becher Schokoladenpudding (200 g)
200 ml Schlagsahne
Eierlikör

Eine original Kaffeemühle darf in so einem Hause natürlich nicht fehlen!

Eier und Zucker mit dem Handrührgerät schaumig rühren. Mehl und Backpulver vermischen und im Wechsel mit dem Öl und der Brause unter die Masse geben.

Den Teig auf ein Backblech streichen und bei 170 °C Umluft 20 Minuten backen.

Für den Belag Butter und Zucker schaumig rühren. Schokoladenpudding dazugeben. Steif geschlagene Sahne unterheben. Die Creme auf den ausgekühlten Kuchen streichen und mit Eierlikör beträufeln.

 Galerie-Café Meiforth

Mohnkuchen

300 g Zucker
600 g weiche Butter
1,2 kg Mehl

BELAG:
1 Becher Vanillepudding (200 g)
3 Pck. Fertigmohn
200 g gehackte Mandeln
1 Schuss Rum

Aus Zucker, Butter und Mehl einen Teig kneten. Die Hälfte davon in ein gefettetes Backblech drücken. Vanillepudding, Mohn, Mandeln und Rum miteinander vermischen und auf dem Teig verstreichen. Restlichen Teig mit den Händen zerbröseln und auf der Mohnmasse verteilen. Bei 180 °C Umluft ca. 40 Minuten backen.

Nusskuchen

300 g Zucker
8 Eigelb
8 Eiweiß
300 g gem. Haselnüsse

Zucker und Eigelb mit dem Handrührgerät auf höchster Stufe schaumig rühren. Eiweiß steif schlagen und vorsichtig darunterheben. Haselnüsse langsam unter die Masse geben. Springform (26 cm Durchmesser) mit Backpapier auslegen, Rand einfetten, Teig einfüllen und bei 175 °C 45 Minuten backen.

Holunder-Crémant

SIRUP:
8–10 Holunderblütendolden
500 ml Wasser
Saft von 1 Zitrone
300 g Zucker
200 g Traubenzucker

1 Fl. Crémant (0,7 l), franz. Schaumwein

Holunderblüten verlesen, in einen Topf geben und mit dem Wasser erhitzen. Das Ganze etwa eine Minute köcheln lassen, danach den Saft in einen flachen Topf abgießen. Zitronensaft, Zucker und Traubenzucker dazugeben und nochmals aufkochen. Den Sirup nun bei kleiner Hitze auf die Hälfte einkochen lassen und kochend heiß in eine Twist-off-Flasche abfüllen. Gefäß verschließen. Mindestens 6 Monate haltbar.
Sirup in Gläser füllen und mit eisgekühltem Crémant auffüllen.
Mit Holunderblüten oder Fliederbeeren dekorieren.

Galerie - Café Meiforth

Gartencafé Süderdeich

Gartencafé Süderdeich

Fährt man in Dithmarschen vom Nordseebad Büsum in die Hebbelstadt Wesselburen, kommt man durch das wunderschöne Dorf Süderdeich. Der Name weist schon darauf hin, dass hier einmal vor Jahrhunderten der Nordseedeich verlief. Ein paar hügelige Reste im westlichen Teil des Dorfes zeugen davon und werden liebevoll die „Süderdeicher Schweiz" genannt. Auf ihnen baute man früher Reetdachkaten, um sie vor Sturmfluten zu schützen, und so ist Süderdeich das Dorf mit den meisten Reetdachkaten in der ganzen Gegend. Auch die Nr. 34 in der Hauptstraße ist eine Reetdachkate, die früher eine Schusterwerkstatt war. Sie ist besonders schön restauriert und dekoriert, und am auffälligsten ist ein lebensgroßes Puppenehepaar, genannt Oma und Opa, auf einer alten Bank vor dem Haus, das oft genug die Touristen zum Bremsen veranlasst, sie aussteigen lässt, um das Haus und das Paar zu fotografieren.

Gästebuch des „Gartencafés".

Besitzer ist seit 1999 das Ehepaar Köster, das dieses aus der napoleonischen Zeit stammende Juwel zunächst als Feriendomizil erwarb. Im Laufe der Zeit verliebten sich die beiden so sehr in die raue nördliche Landschaft, dass sie sich entschlossen, alles im Oberbergischen, ihrer al-

Lebensgroße Puppen, liebevoll Oma und Opa genannt, vor der Kate des „Gartencafés".

Gartencafé Süderdeich

ten Heimat, aufzugeben und ganz hierher zu ziehen. Friedel Köster ist Ingenieur und drückte bald dem Haus seinen baulichen Stempel auf. Frauke ist Floristin und kann eigentlich alles, was eine Hausfrau mit künstlerischer Begabung so kann.

„Wo ist denn hier ein nettes Café?" wurde Frauke früher öfters gefragt, aber in Süderdeich gab es so etwas nicht, auch keine Gastwirtschaft und kein Restaurant. Es liegt nahe, welche Idee langsam in den Kösters reifte. Ja, es wurde plötzlich wieder verstärkt gewerkelt und dekoriert, bis ein bezauberndes Gartencafé entstand. Hier kann man im Sommer draußen Kaffee und Kuchen genießen, aber auch im Liegestuhl liegen und den Kindern in der kleinen Kinderspielecke zusehen. Also können Autofahrer, Radfahrer und Spaziergänger im wahrsten Sinne des Wortes hier rasten, ausspannen, sich erholen. Ist das Wetter mal nicht so freundlich, kann man in die alte Kaffeestube ausweichen und dort das ganz Besondere genießen, denn Frauke ist nicht nur eine ausgezeichnete Bäckerin und Konditorin, sondern sie versteht auch viel von Kaffee, Tee und Kakao. Die Auswahl der Torten ist scheinbar grenzenlos, wobei ihre „Sauerkrauttorte" der Exot und gleichzeitig das Highlight des Gartencafés ist. Dieses Rezept ist das einzige, das nicht verraten wird, es ist ein Familiengeheimnis, und keiner weiß, wie Frauke es macht, dass man das Sauerkraut überhaupt nicht herausschmeckt. Die magische gesundheitsfördernde Kraft des „Dithmarscher Goldes" bleibt aber bestimmt erhalten.

Der ganze Garten des Cafés riecht nach Lavendel, und so ist an ständigem Rohstoffnachschub für Kösters Lavendelkuchen bestimmt kein Mangel. Hier einzukehren, die Seele baumeln zu lassen und durch liebevolle Gastlichkeit optimal aufzutanken, sollte man denen, die hierfür eine Antenne haben, wärmstens empfehlen.

Antiquitäten, wohin man schaut. Bei starken Nordseestürmen bringt dieser original Küchenherd aus der Vorkriegszeit eine wohlige Wärme in die Kate.

 Gartencafé Süderdeich

Gartencafé Süderdeich

Torten sind der große Magnet des Süderdeicher Gartencafés.

 *Gartencafé Süderdeich*

Backbord-Steuerbord-Torte

Erdbeer-Waldmeister-Torte

Biskuitteig:
2 Eier
1–2 EL heißes Wasser
50 g Zucker
1 Pck. Vanillinzucker
75 g Mehl
½ gestr. TL Backpulver

Füllung:
500 g Erdbeeren
250 g Speisequark (20 % Fett)
150 g Joghurt (3,5 % Fett)
100 g Zucker
1 Pck. Vanillinzucker
1 Pck. Götterspeise (Waldmeister)
6 EL kaltes Wasser
20 g Pistazien, gehackt
3 Becher Schlagsahne (à 200 ml)

Guss:
1 Pck. Tortenguss (Erdbeer)
3 EL Zucker
250 ml Wasser

Eier und heißes Wasser mit dem Handrührgerät auf höchster Stufe 1 Minute schaumig schlagen. Zucker und Vanillinzucker vermischen, unter Rühren einstreuen und weitere 2 Minuten schlagen. Mehl und Backpulver vermischen, auf die Eimasse sieben und auf niedrigster Stufe unterrühren. Den Boden einer Springform (26 cm Durchmesser) einfetten und mit Backpier belegen. Den Teig in die Form füllen, glattstreichen und im vorgeheizten Backofen bei 160 °C im unteren Drittel des Ofens ca. 20 Minuten backen. Danach den Springformrand lösen, entfernen und den Boden auf ein mit Backpapier belegtes Kuchengitter stürzen. Springformboden entfernen und den Tortenboden erkalten lassen. Backpapier vorsichtig abziehen und den Boden auf eine Tortenplatte legen. Einen Torten- oder sauberen Springformring darüberstülpen.

Erdbeeren waschen, trockentupfen und entstielen. 300 g der Erdbeeren in dünne Scheiben schneiden. Einen Teil der Erdbeerscheiben innen an den Tortenring, auf den Rand des Bodens stellen. Die ganzen Erdbeeren mit Abstand zum Tortenring in einem Ring auf den Boden stellen, so dass die Bodenmitte frei bleibt.

Quark, Joghurt und Vanillinzucker mit einem Schneebesen glattrühren.

Götterspeise nur mit 6 EL kaltem Wasser (ohne Zucker) nach Packungsanleitung zubereiten. Erst etwa 4 Esslöffel von der Quarkmasse unterrühren, dann die Götterspeisenflüssigkeit mit der Quarkmasse verrühren. Pistazien unterheben und kalt stellen. Wenn die Quarkmasse zu gelieren beginnt, Sahne steif schlagen und vorsichtig unterheben. Füllung auf den belegten Boden geben, glattstreichen und mindestens 3 Stunden kalt stellen. Anschließend mit den restlichen Erdbeerscheiben dekorativ belegen.

Tortenguss mit Zucker und Wasser nach Packungsanleitung zubereiten und auf den Erdbeeren verteilen. Die Erdbeer-Waldmeister-Torte nochmals für ca. 3 Stunden in den Kühlschrank stellen. Den Tortenring vor dem Servieren vorsichtig lösen und entfernen.

Die Torte sollte am besten schon einen Tag vor dem Verzehr zubereitet werden, weil der Geschmack sich dann richtig entfalten kann.

Gartencafé Süderdeich

Backbord-Steuerbord-Torte.

Sandsturm

Käsekuchen

Teig:
200 g Mehl
30 g Zucker
100 g Butter
1 Prise Salz
1 Prise Backpulver
1 Ei

Füllung:
1 kg Magerquark
500 ml Schlagsahne
230 g Zucker
4 Eier
1 Pck. Vanillepuddingpulver

Eier trennen, das Eiweiß zu Schnee schlagen und beiseite stellen.
Teigzutaten zu einem Teig verkneten. Springform (28 cm Durchmesser) etwas einfetten und mit dem Teig auslegen.
Quark, Sahne, Zucker und Eigelb gut verrühren. Puddingpulver unter die durchgeschlagene Masse rühren. Eischnee mit einem Rührlöffel vorsichtig darunterziehen. Quarkcreme auf dem Teig verteilen und glattstreichen. Im vorgeheizten Backofen bei 170 °C ca. 60 Minuten backen. Mit Puderzucker bestäuben. Noch warm servieren.

Tipp:

Alle Rezepte können auch mit glutenfreiem Mehl (Reformhaus) gebacken werden, dann nur etwas mehr Flüssigkeit dazugeben.

Gartencafé Süderdeich

Bernstein-Torte

Pfirsich-Maracuja

Rührteig:
80 g Margarine
80 g Zucker
2 Eigelb
2 Eiweiß
1 Pck. Vanillezucker
100 g Mehl
1 gestr. TL Backpulver
50 g gemahlene Mandeln

Belag:
500 ml Schlagsahne
2 Pck. Sahnesteif
250 ml Maracujasaft
2 Pck. Soßenpulver (ohne Kochen)
1 Dose Pfirsiche (480 g Abtropfgewicht)

Pfirsiche auf einem Sieb abtropfen lassen. Anschließend würfeln.
Eigelb und Margarine mit dem Handrührgerät schaumig rühren. Zucker und Vanillezucker unterheben. Mehl und Backpulver vermischen, darübersieben und unterrühren. Eiweiß steif schlagen, gemahlene Mandeln dazugeben und unter den Teig heben. Springform (28 cm Durchmesser) etwas einfetten und mit Backpapier auslegen. Teig in die Springform füllen. Im vorgeheizten Backofen bei 160 °C ca. 30–40 Minuten backen. Anschließend auf einem Kuchengitter auskühlen lassen. Schlagsahne mit Sahnesteif steif schlagen, die Pfirsichwürfel darunterheben und auf dem Tortenboden verteilen. Maracujasaft mit dem Soßenpulver verrühren, auf die Pfirsichsahne gießen und glattstreichen. Torte kühl stellen.

Seesterne

200 g Butter
260 g Zucker
2 Pck. Vanillinzucker
2 TL Backpulver
2 Eier
1 Fläschchen Butter-Vanilla-Aroma
1 Prise Salz
2 EL Milch
600 g Mehl
2 Eigelb
Hagelzucker

Butter und Zucker mit dem Handrührgerät schaumig rühren. Vanillinzucker, Backpulver, Eier, Vanilla-Aroma, Salz und Milch hinzufügen und auf höchster Stufe verrühren. Handrührgerät auf die niedrigste Stufe stellen und das Mehl nach und nach dazugeben. Anschließend den Teig nochmals mit der Hand durchkneten, in einen Gefrierbeutel legen und im Kühlschrank 1 Stunde durchkühlen lassen. Danach zwischen zwei Frischhaltefolien legen und mit dem Teigroller auf die gewünschte Teigstärke ausrollen. Obere Folie abziehen.
Die Kekse mit einer kleinen Sternform ausstechen. Backbleche mit Backpapier belegen. Seesterne daraufsetzen, mit Eigelb bestreichen und mit Hagelzucker bestreuen. Im vorgeheizten Backofen (Umluft) bei 160 °C 10–15 Minuten backen.

Gartencafé Süderdeich

Smutjes

Haferflockenkekse

100 g brauner Zucker
4 Eier
100 g dunkler Sirup
2 EL Rum (40 Vol.-%)
1 TL Zimt
1 TL Bourbon-Vanille-Aroma
1 Prise Salz
100 g Mandeln, gehackt
100 g Cornflakes, zerbröselt
400 g kernige Haferflocken
2 Tafeln Zartbitterschokolade (à 200 g)

Zucker und Eier schaumig rühren. Sirup, Rum, Zimt, Vanille-Aroma und Salz hinzufügen. Mandeln, Cornflakes und Haferflocken unterrühren.

Backbleche mit Backpapier belegen und mit zwei Teelöffeln kleine Teighäufchen daraufsetzen. Im vorgeheizten Backofen bei 200 °C 12–14 Minuten backen. Danach auskühlen lassen.

Schokolade im Wasserbad schmelzen, Smutjes hineintauchen und auf Backpapier trocknen lassen.

Tipp:

Schokoladen- oder Kuvertürereste im heißen Wasserbad schmelzen und mit Cornflakes oder Mandelstiften vermischen. Einzeln auf Backpapier getrocknet, eignen sich die Schoko-Chips als leckere Einlage fürs Müsli.

Gartencafé Süderdeich

Dünen-Torte

BISKUITTEIG:
200 g weiche Butter
150 g Zucker
2 Eier
1 Eigelb
150 g Mehl
1 TL Backpulver

FÜLLUNG:
750 g Schmand
2 Dosen Mandarinen (à 175 g Abtropfgewicht)
20 g Zucker
2 Pck. Vanillezucker
6 Blatt weiße Gelatine

SCHNEEBÄLLE:
500 ml Schlagsahne
100 g Getränkepulver, orange
3 Pck. Vanillezucker
3 Blatt weiße Gelatine
gehackte Pistazien

Mandarinen auf einem Sieb abtropfen lassen und den Saft auffangen. Für den Biskuitteig Butter und Zucker mit dem Handrührgerät schaumig rühren. Eier trennen. Eigelb hinzugeben. Mehl und Backpulver vermischen, über die Masse sieben und unterrühren. Eiweiß sehr steif schlagen und vorsichtig unterheben. Springform (26 cm Durchmesser) etwas einfetten und mit Backpapier auslegen. Teig hineinfüllen, glattstreichen und im vorgeheizten Backofen bei 175 °C ca. 25–30 Minuten backen. Boden auf einem Kuchengitter auskühlen lassen. Tortenboden aus der Form lösen und auf eine Tortenplatte legen. Torten- oder sauberen Springformring darüberstülpen. Gelatine nach Packungsanleitung einweichen.

Schmand, Mandarinensaft, Zucker und Vanillezucker miteinander verrühren. Gelatine ausdrücken, in einem Topf leicht erwärmen und unterrühren. Mandarinen vorsichtig unterheben. Die Masse auf dem Biskuitboden verteilen und glattstreichen. Torte mindestens 3–4 Stunden kalt stellen.

Für die Schneebälle die Gelatine einweichen, ausdrücken und leicht erwärmen. Sahne steif schlagen, Getränkepulver, Vanillezucker und aufgelöste Gelatine unterrühren. Danach im Kühlschrank gut durchkühlen und fest werden lassen. Vor dem Servieren mit einem Eiskugelportionierer aus der Masse Schneebälle formen und dicht an dicht auf die oberste Schicht der Torte setzen. Mit gehackten Pistazien bestreuen.

Im „Gartencafé" kann man nach einer Radtour ausspannen und einen kühlen Drink genießen.

TIPP:

Biskuitkuchen lässt sich leichter in Böden oder Stücke teilen, wenn er nach dem Backen einige Stunden geruht hat. Deshalb den Kuchen am besten schon am Vortag backen.

Gartencafé Süderdeich

Cherry Lady

SAUERKIRSCH-TORTE MIT EIERLIKÖR

RÜHRTEIG:
100 g weiche Butter
100 g Zucker
1 Pck. Vanillinzucker
2 Eier
100 g Mehl
2 gestr. TL Backpulver
1 Glas Sauerkirschen (350 g Abtropfgewicht)

EIERLIKÖRCREME:
1 Pck. Bourbon-Vanillepuddingpulver
350 ml Milch
50 g Zucker
6 Blatt weiße Gelatine
1 Becher Schlagsahne (250 ml)
250 ml Eierlikör

ZUM GARNIEREN:
1 Becher Schlagsahne (200 ml)
1 Pck. Vanillinzucker
50 ml Eierlikör

Kirschen auf einem Sieb abtropfen lassen und den Saft auffangen.
Butter mit dem Handrührgerät geschmeidig rühren. Zucker und Vanillinzucker nach und nach unter Rühren hinzufügen und schlagen, bis eine gebundene Masse entsteht. Eier nacheinander ca. ½ Minute auf höchster Stufe unterrühren. Mehl und Backpulver vermischen und unterrühren. Boden einer Springform (26 cm Durchmesser) einfetten und mit Backpapier belegen. Rührteig in die Form füllen, glattstreichen und die abgetropften Kirschen darauf verteilen. Im vorgeheizten Backofen bei 180 °C ca. 30 Minuten backen. Den Boden in der Form auf einem Kuchengitter erkalten lassen. Anschließend den Ring der Springform lösen und den Tortenboden auf eine Tortenplatte stürzen. Backpapier entfernen. Einen Torten- oder gesäuberten Springformring darüberstülpen.
Pudding nach Packungsanleitung – aber mit nur 350 ml Milch und 50 g Zucker – zubereiten. Gelatine nach Anleitung einweichen und im heißen Pudding unter Rühren auflösen. Die Masse abkühlen lassen und des Öfteren umrühren. Wenn der Pudding geliert, den Eierlikör unterrühren. Sahne steif schlagen und unterheben. Eierlikörcreme auf dem Tortenboden verteilen und glattstreichen. Mindestens 3 Stunden kalt stellen.
Für die Garnitur den Tortenring entfernen. Sahne mit Vanillinzucker steif schlagen, in einen Spritzbeutel füllen und die Torte dekorativ verzieren. Mit Eierlikör beträufeln.

TIPP:
Den aufgefangenen Kirschsaft andicken und zusätzlich zum Eierlikör in Streifen über die Tortenoberfläche ziehen.

Frauke Köster ist nicht nur eine perfekte Gastgeberin, sondern auch eine Künstlerin. Alle Betonskulpturen wie Hühner, Gänse und Vögel, die überall im Garten verteilt stehen, wurden von ihr selbst modelliert und man kann sie käuflich erwerben.

 Gartencafé Süderdeich

> **Tipp:**
>
> Eiswürfelbehälter mit Wasser auffüllen, in jedes Fach eine Lavendelblüte setzen und gefrieren lassen. Die Würfel kühlen nicht nur, sondern sind auch sehr dekorativ.

Lavendel-Limonade

625 ml + 500 ml Wasser
6 Lavendelblütenzweige
1 Tasse frische Lavendelblätter, gehackt
300 g Zucker
150 ml Zitronensaft, frisch gepresst

625 ml Wasser und Zucker kochen, bis sich der Zucker aufgelöst hat. Lavendel hinzufügen, unterrühren und den Topf vom Herd nehmen. Flüssigkeit erkalten lassen, anschließend durch ein Sieb abseihen und in einen Behälter gießen. 500 ml Wasser und Zitronensaft hinzugeben. Abschmecken. Nach Geschmack mit 125 g Zucker nachsüßen.
Die Limonade wird gut gekühlt – nach Belieben mit Eiswürfeln – serviert.
Wenn kein frischer Lavendel vorhanden ist, eignen sich auch 20 g getrocknete Lavendelblüten.

Lavendelkuchen

175 g Butter
175 g Zucker
175 g Mehl
3 Eier
2 gestr. TL Backpulver
½ TL Vanilleextrakt
2 EL Milch
2 EL frische Lavendelblüten
oder
(2–3 EL grob gehackter,
getrockneter Lavendel)

Guss:
50 g Puderzucker, gesiebt
1 TL Zitronensaft

Butter und Zucker mit dem Handrührgerät schaumig schlagen. Die Eier nach und nach unterschlagen. Mehl und Backpulver darübersieben. Zusammen mit Lavendel, Vanilleextrakt und Milch unterheben.
Gugelhupfform (24 cm Durchmesser) dünn einfetten und mit Mehl bestäuben.
Teig in die Form füllen und im vorgeheizten Backofen bei 180 °C ca. 60 Minuten backen. Danach den Kuchen 10 Minuten ruhen lassen, aus der Form stürzen und auf einem Kuchengitter auskühlen lassen.
Für den Guss Puderzucker und Zitronensaft (evtl. etwas Wasser) verrühren und den Kuchen damit bestreichen. Mit einigen Lavendelblüten garnieren.

Café Gnosa

 Café Gnosa

Wo Hamburg sich als Weltstadt beweist, liegt in der Langen Reihe 93 das legendäre „Café Gnosa". Es ist eingerahmt vom Hauptbahnhof sowie von einem der führenden Theater Norddeutschlands, dem „Deutschen Schauspielhaus", dem weltbekannten „Hotel Atlantic", der al-Kuds-Moschee und von einer der Schönheiten Hamburgs, der Alster.

Wir befinden uns in dem Szene-Stadtteil St. Georg, der in den ersten 30 Jahren nach dem letzten Weltkrieg allerdings durch Übervölkerung, Prostitution und eine hohe Kriminalitätsrate eher als berüchtigter Stadtteil galt. Aber er mauserte sich durch Renovierung der Häuserfronten und der alten Jugendstilwohnungen, durch Umwandlungen der Miet- in Eigentumswohnungen, was als Folge stilvolle Geschäfte anlockte. Seitdem das Viertel nun also wieder reüssierte, machte es für Kai Reinecke, Bernhard Wissing und Michael Morche Sinn, das 1939 erbaute Café Gnosa wieder zu eröffnen, und zwar im alten Gewande. Es wurde also im Art-Deco-Stil renoviert mit den Original-Möbeln und -Tresenteilen. Zu dem Äußerlichen, das die Blicke des neuen Publikums anzog, kamen die unglaublichen Torten und Kuchenkunststücke der Konditorin Kathrin Wheeldon. Der zuvorkommende Service rundet das Ganze ab.

Das Café Gnosa ist das bekannteste schwul/lesbische Café Hamburgs, in dem die Tür aber für alle weit offen steht. Bester Kaffee, guter Tee,

Kurz vor Öffnung des Cafés um 10:00 Uhr bestückt Kathrin Wheeldon die wunderschöne alte Kuchenvitrine mit ihren frisch gebackenen individuellen Tortenkreationen wie Birnen-Rahm-Torte, Rhabarberstreusel- oder Mailänder Apfel-Torte. Insgesamt 60 Torten sind ständig im Sortiment.

Café Gnosa

Torten, Frühstück, lecker Mittag und Abendessen, einfach nur was trinken – auch in Künstler- und Theaterkreisen ist das Café Gnosa angesagt, das mit seinen Tischen und Stühlen auf dem Gehweg sich auch gut in das Straßenbild von St. Germain in Paris einfügen würde.

Aber das Wichtigste bei jedem Café sind natürlich Kaffee und Kuchen, und da versteht man hier nun wirklich sein Handwerk. Kathrin Wheeldon gibt jeden Tag ab 7:00 Uhr früh ihr Bestes, um ab 10:00 Uhr immer wieder zu beweisen, dass dieses Haus eine erste Adresse für Schlemmer der süßen Sünden ist. 60–80 verschiedene Torten birgt ihr geheimes Rezeptbuch, aus dem sie hier einiges verrät, und es ist für mich immer wieder faszinierend, ihr bei der fast schon künstlerischen Arbeit zuzusehen.

„Man" trifft sich ab 10:00 Uhr im Gnosa zum Stelldichein und zum Frühstück und wird nicht müde, die Kuchen und Torten bis in die Nacht hinein zu genießen, denn das Café Gnosa schließt ganz weltstädtisch erst um 1:00 Uhr.

Ganz in der Nähe der Alster, vor dem Panorama der Hamburger Kirchtürme und mit Blick auf die romantischen Segelschiffe, liegt das Café Gnosa.

Ein großes Angebot an Tageszeitungen machte schon immer ein gutes Café aus.

Der hintere Raum des Cafés ist mit Möbeln aus den 50er Jahren eingerichtet.

Café Gnosa

Café Gnosa

Das Erscheinungsbild eines Cafés, wie man es aus Paris, Wien oder Rom kennt. Das Hamburger Café Gnosa in der Langen Reihe.

 *Café Gnosa*

Birnen - Rahm - Torte

Zutaten:
1 Dose gesüßte Birnen, halbiert
(460 g Abtropfgewicht)

Mürbeteig:
100 g Zucker
200 g weiche Butter
300 g Mehl
3 EL Milch
1 Pck. Vanillezucker

Rahmguss:
10 Eigelb
180 g Zucker
30 g Vanillepuddingpulver
600 ml flüssige Schlagsahne

Birnen auf einem Sieb abtropfen lassen. Alle Zutaten für den Mürbeteig miteinander verkneten. Anschließend ausrollen, mit dem Ring der Springform (26 cm Durchmesser) den Boden ausstechen und einlegen. Mit dem restlichen Mürbeteig einen Rand formen.

Eigelb, Zucker und Puddingpulver mit dem Schneebesen verrühren, dann die Sahne dazugeben. Die halben abgetropften Birnen auf dem Mürbeteig verteilen und den Rahmguss darübergeben. Im vorgeheizten Backofen bei 180 °C ca. 50 Minuten backen. Nur Ober- und Unterhitze verwenden, Umluft lässt den Rahmguss evtl. überschwappen. Kuchen gut auskühlen lassen, dann erst aus der Form schneiden.

Schokoladen-Kirschkuchen

2 Gläser Sauerkirschen
(à 350 g Abtropfgewicht)
130 ml Kirschwasser
150 g grob gehackte Walnüsse
250 g Butter
250 g Zucker
5 Eier
300 g Mehl
½ Pck. Backpulver
5 g Zimt
30 g Kakao
Puderzucker zum Dekorieren

Kirschen auf einem Sieb abtropfen lassen. Butter, Zucker aufschlagen, nach und nach die Eier dazugeben, danach langsam das Kirschwasser. Mehl, Backpulver, Zimt und Kakaopulver unterrühren, Walnüsse und Kirschen unterheben. Teig in eine gefettete Springform (26 cm Durchmesser) füllen, glattstreichen.
Bei 190 °C 15 Minuten backen, dann die Hitze auf 175 °C reduzieren und weitere 50 Minuten saftig ausbacken. Auskühlen lassen und mit Puderzucker bestäuben.

Konditorin Kathrin Wheeldon in ihrem Element. Täglich ab 7:00 Uhr backt sie alle Torten, Kuchen, Baguettes, Brötchen und Croissants frisch in der kleinen Backstube des Café Gnosa. Backen ist ihre große Leidenschaft.

Café Gnosa

So originell und appetitlich verpackt, nimmt man sich gern ein Stück Kuchen aus dem Gnosa mit.

Butterkuchen

HEFETEIG:
375 g Mehl
1 Pck. Trockenhefe
100 ml Milch
150 g Butter
75 g Zucker
1 Pck. Vanillezucker
1 Prise Salz
4 Eier

BELAG:
150 g Butter
125 g Mandelblättchen
125 g Zucker
2 Pck. Vanillezucker
250 ml Schlagsahne

Mehl und Hefe vermischen. Milch erwärmen, Butter schmelzen. Zucker, Vanillezucker und Salz unter die Mehlmischung geben. Dazu Milch und Butter. Alles gut verkneten und nach und nach die Eier dazugeben. Den Teig mit einem Tuch abdecken und 15 Minuten gehen lassen. Auf ein gefettetes Backblech geben und gleichmäßig verstreichen. Nochmals 15–20 Minuten gehen lassen.

Für den Belag kleine Vertiefungen in den Teig drücken und Butterflöckchen in die Mulden geben. Mandelblättchen auf dem Teig verteilen. Zucker und Vanillezucker vermischen und darüberstreuen. Im vorgeheizten Backofen bei 190 °C 15–20 Minuten backen. Sofort nach dem Backen die Sahne gleichmäßig darübergießen. Abkühlen lassen.

Café Gnosa

GESCHICHTE DER HAMBURGER KAFFEEHÄUSER

Schon 1679 eröffnete das erste Kaffeehaus Hamburgs, und um 1800 gab es bereits 1.700 Cafés. Als Napoleon Hamburg besetzte und den Kaffeehandel stoppte, mussten die Hanseaten den Kaffee aus dem dänischen Altona hereinschmuggeln. Bis heute ist Hamburg neben Bremen die Kaffeehandelsmetropole des Nordens.

Käsekuchen

Schöner Durchblick durch das gesamte Café.

MÜRBETEIG:
100 g Zucker
200 g weiche Butter
300 g Mehl
3 EL Milch
1 Pck. Vanillezucker

QUARKMASSE:
500 g Magerquark
500 g Mascarpone
200 g Zucker
geriebene Schale 1 Zitrone (unbehandelt)
30 g Mehl
50 ml Schlagsahne
5 Eiweiß
7 Eigelb

Alle Zutaten für den Mürbeteig miteinander verkneten. Anschließend auf einer bemehlten Arbeitsfläche ausrollen, mit dem Ring der Springform (26 cm Durchmesser) den Boden ausstechen und einlegen. Die Zutaten für die Quarkmasse miteinander verrühren und in die Form füllen. Bei 180 °C ca. 50–60 Minuten backen. Gut auskühlen lassen.

 *Café Gnosa*

Apfelkuchen mit Streusel

ZUTATEN:
5 säuerliche Äpfel (Boskop)

MÜRBETEIG:
100 g Zucker
200 g weiche Butter
300 g Mehl
3 EL Milch
1 Pck. Vanillezucker

RÜHRTEIG:
250 g weiche Butter
200 g Zucker
5 Eier
1 Pck. Vanillezucker
geriebene Schale 1 Zitrone (unbehandelt)
175 g Mehl
75 g Weizenstärke
2 gestr. TL Backpulver

STREUSEL:
50 g Zucker
100 g weiche Butter
150 g Mehl
1 Prise Salz
1 Prise Zimt

Alle Zutaten für den Mürbeteig miteinander verkneten. Anschließend ausrollen, mit dem Ring der Springform (26 cm Durchmesser) den Boden ausstechen und einlegen. Mit dem restlichen Mürbeteig einen Rand formen. Äpfel schälen, entkernen und in kleine Stücke schneiden. Einen halben Apfel für die Dekoration aufbewahren. Für den Rührteig Butter, Zucker, Vanillezucker und Zitronenschale mit einem Mixer aufschlagen und nach und nach die Eier dazugeben. Restliche Zutaten unterrühren. Apfelstücke dazugeben, unterheben und in die Form füllen. Für den Streusel Butter, Zucker, Zimt und Salz verkneten, Mehl dazugeben, zu Streusel verkneten und auf den Kuchen geben. Den halben geschälten Apfel in 8 Spalten schneiden und im Kreis auf dem Kuchen verteilen. Im vorgeheizten Backofen bei 180 °C ca. 50–60 Minuten backen.

Espresso Vanille

1 PORTION

1 Tasse Espresso
1 cl Amaretto
1 Vanillestange
1 Kugel Vanilleeis

Amaretto in eine Tasse gießen und mit Espresso auffüllen. Vanillestange zum Umrühren in die Tasse setzen. Dazu separat in einem Kelch eine Kugel Eis servieren. Je nach Geschmack entweder den Espresso über das Eis gießen oder das Eis in den Espresso geben. Ein leckeres Sommergetränk.

Kleines Traumcafé

Kleines Traumcafé

Ein Bild aus alten Zeiten, als die Straßenbahn in Schleswig noch über den Rathausmarkt an der Alten Apotheke vorbeifuhr.

Ein Hofcafé könnte man es schon im weitesten Sinne nennen, denn es befindet sich in der Alten Apotheke, die 1517 von Herzog Friedrich I. erbaut wurde, also seine Hofapotheke war. Die Rede ist von der früheren Residenzstadt Schleswig, deren wunderschöner Stadtkern immer eine Reise wert ist. Im Schatten des St.-Petri-Domes am historischen Rathausmarkt liegt diese alte Apotheke, und das alte Fischerdorf Holm sowie der Hafen sind nicht fern. Das Apothekengeschäft ist inzwischen umgezogen, und in der einen Hälfte befindet sich heute ein Keramik- und Buchgeschäft und in der anderen Hälfte gibt es eben dieses Traumcafé. Es wird von der Familie Knoop, deren Mitglieder Angeliter sind, also aus dem Vorland Angeln kommen, geführt. „Seit November 2005 betreiben wir dieses Café – starten wir so richtig durch."

Eine Besucherin berichtet: „Für unser Kaffeekränzchen ist das kleine Traumcafé einfach toll. Die Betreiber bürgen für eine Spitzenqualität ihrer Torten und Blechkuchen aus eigener Herstellung. Hier wird besonders auf frische, fruchtige, mit wenig Zucker gebackene Torten Wert gelegt. Die Stücke sind riesig! Im Angebot waren mindestens 10 verschiedene Variationen wie zum Beispiel Marzipan-Birnen-Bienenstich und

Kleines Traumcafé

exotische Fruchttorte. Der Kaffee wurde uns in sehr großen Tassen serviert. Das Café war während unseres Kaffeeklatsches gut besucht. In der Woche kann man hier auch frühstücken, und wir freuen uns auch schon auf das Schlemmerfrühstück am Wochenende."

Eine weitere Spezialität sind die Tortenfertigungen auf besonderen Wunsch. Die Hochzeitstorten werden mit Motiven aus dem Leben der Brautleute geschmückt, und für alle weiteren Anlässe wie Geburtstage, Jubiläen und Taufen werden fantasievolle „Bilderbuchtorten" hergestellt. Für Schulanfänger gibt es natürlich eine Torte mit Schultüte, und für Seeleute gibt es ein Schiff obendrauf. Ein Highlight unter den vielen, vielen Kuchen und Torten – alle natürlich selbst gebacken – ist die täglich frische Trümmertorte.

Frau Knoop erzählt: „Ich stamme eigentlich aus dem Rheinland und habe mich in Kappeln in meinen Mann verliebt, einen Tischlermeister. Das war natürlich ein Segen, denn den ganzen Umbau und die Einrichtungen hat er mit viel Liebe gestaltet. Der Zulauf war schon von der Eröffnung an gewaltig, und wir machten zusätzlich ein Frühstücksangebot und dann später Quiches zum Mittag. Das sind leichte Backwa-

In der historischen Altstadt von Schleswig, im denkmalgeschützten Gebäude der Alten Apotheke von 1517, befindet sich das „Kleine Traumcafé", nur wenige Schritte vom St.-Petri-Dom entfernt.

ren. Später kam die Kartoffel hinzu, also auch leichte Mittagskost. Da darf man sich nachmittags schon eine kleine Sünde gönnen."

 Kleines Traumcafé

Kleines Traumcafé

Typisch für das „Kleine Traumcafé" am Rathausmarkt sind die großen roten Kaffeetassen, in denen Cappuccino, Milchkaffee und andere leckere Getränke serviert werden. Dieses kleine Séparée eignet sich wunderbar für ein „Kaffeekränzchen".

 Kleines Traumcafé

Trümmertorte

BISKUITTEIG:
5–6 Eier (je nach Größe)
250 g Zucker
½ Pck. Backpulver
250 g Mehl

TRÜMMERDECKE:
2–3 Eigelb (je nach Größe)
50 g Zucker
½ Pck. Vanillezucker
75 g Mehl
½ TL Backpulver
2–3 Eiweiß
100 g Zucker
40 g Mandelblättchen
Zucker und Zimt

FÜLLUNG:
1–2 Gläser Stachelbeeren
(à 360 g Abtropfgewicht)
2 Pck. Tortenguss
3–4 Becher Schlagsahne (à 200 ml)
2 Pck. Vanillezucker
3–4 Pck. Sahnefest

Eier und Zucker sehr lange mit dem Handrührgerät schlagen, bis die Masse hellgelb und cremig schaumig wird. Backpulver mit dem Mehl vermischen und unter die Ei-Zuckermasse heben. Teig in eine Springform (26 cm Durchmesser) füllen und bei 150 °C Heißluft ca. 50 Minuten backen. Nach dem Backen abkühlen lassen und zweimal teilen. (Es wird nur 1 Teil von diesen 3 Teilen gebraucht, der Rest kann für weitere Torten verwendet werden, die Böden lassen sich auch gut einfrieren.)

Für die Trümmerdecke Eigelb, Zucker, Vanillezucker, Mehl und Backpulver mit dem Handrührgerät gut verrühren und mit bemehlten Händen zügig in eine Springform (26 cm Durchmesser) füllen. Eiweiß mit dem Zucker sehr steif schlagen und auf dem Teig verteilen. Mandelblättchen mit Zucker und Zimt mischen und oben auf der Eiweißmasse verteilen. Bei 150 °C Heißluft ca. 35–45 Minuten backen.

Für die Füllung die Stachelbeeren abgießen und den Saft auffangen. Früchte auf dem Biskuitboden verteilen. Saft mit Apfelsaft oder Wasser mischen, nach Anweisung mit Tortenguss andicken und über die Früchte gießen. Sahne mit Vanillezucker und Sahnefest steif schlagen und auf den Stachelbeeren verteilen.

Die Trümmerdecke nach dem Abkühlen in die gewünschte Stückzahl vorschneiden und vorsichtig auf die Sahne setzen.

Nusskekse

250 g Mehl
250 g Walnussmehl
350 g Butter
½ Pck. Backpulver
75 g Puderzucker
75 g Vollrohrzucker, fein

Alle Zutaten mit einem Knethaken oder per Hand gründlich zu einem Knetteig verkneten. Teig zu einer Rolle formen (Durchmesser einer 1-Euro-Münze). Danach 1 Stunde kühl stellen. Mit einem Buntmesser „Taler" abschneiden. Backblech mit Backpapier belegen, die Taler daraufsetzen und bei 150 °C Heißluft ca. 15 Minuten backen. Kekse nur abgekühlt vom Blech nehmen, sonst zerbrechen sie.

Gebäck kann gut gelagert werden.

Kleines Traumcafé

Das reichhaltige Tortenbuffet lockt nicht nur Gäste für das Café an, sondern auch Spaziergänger, die sich leckere Köstlichkeiten für eine gemütliche Kaffeestunde mit nach Hause nehmen.

Schmandkuchen

1 Ei
1 TL Backpulver
80 g Zucker
80 g Butter
1 Pck. Vanillezucker
200 g Mehl
500 ml Milch
150–200 g Zucker
2 Pck. Vanillepuddingpulver
4 Becher Schmand (à 200 g)
3–4 Dosen Mandarinen
(à 175 g Abtropfgewicht)
2 Pck. Tortenguss

Aus Ei, Backpulver, 80 g Zucker, Butter, Vanillezucker und Mehl einen Knetteig herstellen. Springform (26 cm Durchmesser) am Rand und Boden damit belegen. Milch zusammen mit dem Zucker aufkochen. Vanillepudding in etwas kalter Milch auflösen und in die heiße Milch rühren, bis es andickt. Den heißen Pudding sofort unter den Schmand heben, gut verrühren und auf dem Boden verteilen. Mandarinen abgießen, Saft auffangen. Früchte auf der Creme verteilen. Den Kuchen bei 150 °C Heißluft ca. 70–90 Minuten backen. Mandarinensaft erhitzen und mit Tortenguss andicken. Abgekühlten Kuchen damit übergießen.

Wichtig: Der Kuchen muss mindestens 8–12 Stunden in die Kühlung, damit er fest wird. Erst danach kann er angeschnitten werden.

 Kleines Traumcafé

Diabetikertorte

BISKUITTEIG:
5–6 Eier (je nach Größe)
200 g Diabetiker-Süße
250 g Mehl
1 Pck. Backpulver

FÜLLUNG:
1 Becher Schlagsahne (200 ml)
2 Pck. Sahnesteif
750 g Magerquark
150 g Waldfrüchte
3–4 EL Erdbeersaft, ungesüßt (Reformhaus)
Mandelblättchen oder gehackte Haselnüsse zum Verzieren

Eier sehr lange schlagen, bis die Masse cremig, hellgelb und schaumig ist, dann die Diabetiker-Süße unterrühren. Mehl und Backpulver vermengen und unterheben. Teig in eine Springform (26 cm Durchmesser) füllen und bei 150 °C Heißluft 50–60 Minuten backen. Teig abkühlen lassen und kurz vor Gebrauch zweimal teilen, so dass 3 Böden entstehen. Man verwendet aber nur zwei Böden, einer kann eingefroren werden. Zum Füllen mit einem Tortenring arbeiten. Sahne mit Sahnesteif schlagen. Quark, Waldfrüchte und Erdbeersaft unterheben. Die Masse gleichmäßig auf die beiden Böden schichten und aufeinandersetzen. Mit Mandelblättchen bestreuen.

Apfelkuchen

3 Eier
125 g Zucker
1 Pck. Vanillezucker
125 g Butter
200 g Mehl
½ Pck. Backpulver
je 1–2 EL Zimtsirup und
Macadamiasirup (Nussmischung)
4–5 große, säuerliche Äpfel
Zucker und Zimt
100 g gehackte Nüsse
75 g Rosinen

Eier, Zucker, Vanillezucker, Butter, Mehl, Backpulver, Zimtsirup und Macadamiasirup gründlich mit dem Handrührgerät zu einer sehr cremigen Masse schlagen und anschließend in eine Springform (26 cm Durchmesser) füllen. Äpfel waschen, Kerngehäuse entfernen und die Spalten mit der Schale abwechselnd nach oben und unten dicht an dicht auf dem Teig verteilen. Mit Zucker und Zimt sowie gehackten Nüssen und Rosinen bestreuen und bei 150 °C Heißluft ca. 55–70 Minuten backen.

Noch warm verzehrt ist er besonders lecker.

Quarkkuchen einmal anders

Knetteig:
1 Ei
80 g Zucker
100 g Butter
250 g Mehl
3 geh. EL echter dunkler Kakao
½ Pck. Backpulver

Füllung:
1 gr. Dose Birnen
(460 g Abtropfgewicht)
500 g Magerquark
1 Becher Schlagsahne (200 ml)
3 Eier
etwas Birnensaft
50–80 g Zucker
2 Pck. Schokoladenpuddingpulver

Aus Ei, Zucker, Butter, Mehl, Kakao und Backpulver einen Knetteig herstellen. Den Rand und Boden einer Springform (26 cm Durchmesser) mit ⅔ des Teiges auslegen. Für die Füllung die Birnen abgießen, den Saft auffangen und die Früchte auf dem Teigboden verteilen. Quark, Sahne, Eier, etwas Birnensaft, Zucker und Schokoladenpudding zu einer Quarkcreme verrühren und auf die Birnen geben. Rest Teig (⅓) in Form von Streusel auf der Quarkmasse verteilen. Bei 150 °C Heißluft ca. 60 Minuten backen.
Der Kuchen kann auch warm gegessen werden.

Kleines Traumcafé

Tee aus dem Samowar

Aus 12 verschiedenen Sorten kann man sich seinen Lieblingstee bestellen:
Ostfriesentee, Darjeeling, Earl Gray, Grüner Tee oder Tees der Saison.

Café Lebenstraum

 *Café Lebenstraum*

Das Dorf Wanderup liegt nahe der dänischen Grenze im Kreis Schleswig-Flensburg. Hier leben seit 1892 die Generationen der Familie Hansen auf ihrem Bauernhof. Die sehr wechselhafte Familiengeschichte hört sich wie ein Roman von Theodor Storm an – jedoch es gibt ein Happy End!

Ich sitze mit Herrn Hansen im wunderschönen Garten des Cafés Lebenstraum, und er kommt ins Erzählen: 1892 hatten sein Urgroßvater und sein Großvater diesen völlig heruntergekommenen Hof ersteigert. Sie waren fest entschlossen, sich eine solide Existenz aufzubauen. Aber mit viel „Wind hinterm Haus", an Land war damals gerade mal ein halber Hektar übrig geblieben, war das noch ein langer Weg. Man verdingte sich zunächst als Anstreicher. Beide fuhren mit dem Fahrrad die Höfe im Umkreis von bis zu 100 Kilometern Entfernung ab, malten bis zum Umfallen, sparten jeden Pfennig, um sich den Traum vom eigenen Landwirtschaftsbetrieb zu erfüllen. Es ging aufwärts, und als der Großvater 1904 eine Bauerntochter heiratete, hatte er schon so viel Land dazugekauft, dass mit dem „Ackern" begonnen werden konnte. „Wir hatten immer Glück mit unseren starken Frauen", erzählt Herr Hansen. „Nur mit ihnen und durch einen starken Familienzusammenhalt war das alles zu schaffen."

Erster Weltkrieg, Inflation, Zweiter Weltkrieg – alles musste überstanden und trotzdem der Hof weiter aufgebaut werden. In den 50er und 60er Jahren wuchs dann der Hof zu seiner größten Blüte, aber die Zukäufe waren oft viele Kilo-

Typisches schleswig-holsteinisches Bauernhaus aus der Zeit vor hundert Jahren. Ella Hansen verschönte es und verwirklichte innen wie außen ihren Traum vom Hofcafé.

Café Lebenstraum

meter weit verstreut. Im Zuge der Bodenreform sollte Familie Hansen dann umgesiedelt werden. Doch sie hing zu sehr an ihrer Scholle und wollte zu Hause bleiben. Man stellte sich um, verkaufte entlegene Landstücke, begann eine Bullenmästerei, bis auch diese durch neue Verordnungen aus Brüssel unrentabel wurde. 1992 wurde Herr Hansen Küster und Friedhofswärter des Dorfes Wanderup. Selbst noch als Bürgermeister ließ er die Glocken läuten, und seine Frau Ella half auf dem Friedhof, weil mal wieder zu viel Arbeit zu bewerkstelligen war.

Mit viel Liebe wurde der ehemalige Rinderstall zum „Stöberstall" umgestaltet und mit geschmackvoller Ware bestückt. Hier findet man alles, was das Herz begehrt.

Aber bei seiner Frau war noch etwas im Hinterkopf. Hauptthema der Familie war eigentlich immer gewesen: Wie kann ich mein Leben lebenswerter machen, eine Vision verwirklichen, uns einen Traum erfüllen? Frau Hansen wollte endlich ihr Hobby zum Beruf machen. Alte Möbel sammeln, Rosen züchten und schöne Dinge kaufen – wie konnte man das zusammenbringen? Die Hansens bauten ihren alten Kuhstall mit Gewölbedecke zu einem Hofladen um, in dem man Souvenirs, Kleidung, Werke von Hobbykünstlern und Geschenkartikel kaufen konnte. Der Laden war immer liebevoll dekoriert mit alten, schönen Dingen und natürlich Blumen. Man nannte ihn „Stöberstall". Er wurde ein voller Erfolg. Die Kunden verlangten immer öfter nach einer Tasse Kaffee, denn man fühlte sich dort wohl und wollte ein bisschen länger bleiben. Als Bruno Hansen dann Rentner wurde und seine Frau sich auf ihre erlernten Koch- und Backkünste besann, war wieder einmal ein neuer Start angesagt. Man baute an, man baute um und verwirklichte sich den vorerst neuesten Lebenstraum und nannte ihn auch so: Café Lebenstraum. Hier wird also mit Eifer vormittags gebacken und dekoriert und nachmittags Kaffee und Kuchen ausgeschenkt, nebenbei noch im Stöberstall verkauft und abends wieder aufgeklart. Am Wochenende braucht man Verstärkung, denn man zählt täglich bis zu 100 Gäste, die 15 Torten und jede Menge Kuchen verzehren. Die Cremeschnitten von Frau Hansen sind dabei das Highlight. Was sich im Café Lebenstraum spontan auf die Besucher überträgt, ist Gastlichkeit, die menschliche Wärme der Familie Hansen und deren Liebe zum Detail.

 Café Lebenstraum

Café Lebenstraum

Im „Café Lebenstraum" erkennt man sofort, dass hier eine Frau ihr Hobby zum Beruf gemacht hat: Alte Möbel sammeln und restaurieren, ausgefallene Rosen züchten und mit Farben spielen. Ergebnisse findet man im geschmackvoll eingerichteten Innenraum.

 *Café Lebenstraum*

Cremeschnitten

BLÄTTERTEIG:
250 g weiche Butter
250 g Mehl
125 ml eiskaltes Wasser

CREME:
1 l Milch
2 Pck. Vanillepuddingpulver
80 g Zucker
50 g Butter

GUSS:
125 g Puderzucker
2 EL Wasser

Butter, Mehl und Wasser miteinander vermengen. Teig kalt stellen. Anschließend hauchdünn ausrollen, mehrfach zusammenlegen und wieder kühl stellen. Diesen Vorgang öfter wiederholen. Backblech mit Backpapier auslegen. Teig ausrollen, zwei dünne Platten herstellen, auf das Backpapier legen und im vorgeheizten Backofen auf 200 °C, mittlere Schiene, ca. 15 Minuten backen.

Aus Milch, Puddingpulver und Zucker eine Puddingcreme kochen. Im noch warmen Zustand die Butter unterrühren und erkalten lassen. Danach mit dem Handrührgerät aufschlagen, bis eine streichfähige Creme ohne Klumpen entsteht.

Masse auf dem Blätterteigboden verstreichen und mit dem zweiten Boden belegen. Für den Guss Puderzucker und Wasser verrühren und die Oberfläche damit bestreichen. Danach in Rechtecke schneiden.

Café Lebenstraum

Omas Hefekringel

Marzipan-Kuppel-Torte

TEIG:
140 g Mehl
90 g gemahlene Haselnüsse
90 g Zucker
90 g Butter
1 Ei

FÜLLUNG:
1 Glas Sauerkirschen (350 g Abtropfgewicht)
Speisestärke
2 Becher Schlagsahne, 33 % Fett (à 200 ml)
1 Marzipandeckel (300 g)

Zutaten miteinander vermengen, zu einem Teig kneten, ausrollen und den Boden einer gefetteten Springform (26 cm Durchmesser) damit auslegen. Im vorgeheizten Backofen bei 180 °C ca. 15–20 Minuten backen. Danach abkühlen lassen. Kirschen in einem Topf zusammen mit dem Saft erhitzen und mit der Speisestärke andicken. Kirschen nach dem Abkühlen auf dem Tortenboden verteilen. Sahne steif schlagen und kuppelförmig auf den Kirschen verstreichen. Anschließend vorsichtig mit dem Marzipandeckel abdecken.
Den Rand mit Kirschen, Marzipanröschen und Sahne verzieren.

HEFETEIG:
500 g Mehl
60 g Zucker
42 g Hefe
1 Tasse lauwarme Milch
100 g flüssige Butter

BELAG:
450 g Pflaumenmus

GUSS:
125 g Puderzucker
2 EL Wasser

Zutaten für den Teig miteinander verkneten. Schüssel mit einem Tuch abdecken und den Teig an einem warmen Ort gehen lassen. Danach ein zweites Mal durchkneten. Aus dem Teig eine Rolle formen und in drei gleichgroße Stücke schneiden. Jedes Teil der Länge nach ausrollen und die Mitte mit Pflaumenmus bestreichen. Seitenteile links und rechts zur Mitte hin übereinanderschlagen. Backblech mit Backpapier auslegen, die drei Streifen darauf verteilen und im vorgeheizten Backofen bei 200 °C 20 Minuten backen. Kringel auskühlen lassen. Für den Guss den Puderzucker mit Wasser verrühren und die Oberfläche damit bestreichen.

TIPP:

Hefeteig wird schön geschmeidig, wenn man ihn mit leicht geölten Händen durchknetet. Außerdem bleibt garantiert nichts an den Händen kleben. Dazu neutrales Sonnenblumenöl verwenden.

Café Lebenstraum

Bauernkaffee

4 Personen

750 ml heißer Kaffee
8 cl Birnenbrand oder
Zwetschgenwasser
Zucker

Kaffee in 4 vorgewärmte Tassen gießen. Je 2 cl Birnenbrand hinzugeben. Nach Geschmack süßen.

Orangen-Quark-Torte

Boden:
1 Tafel Nussnougat-Schokolade (200 g)
10 Stück Zwieback
4 Tropfen Bittermandelöl

Füllung:
12 Blatt weiße Gelatine
750 g Magerquark
150 g Zucker
1 Pck. Vanillezucker
200 ml Orangensaft
Saft 1 Zitrone
125 ml Weißwein
375 ml Schlagsahne

zum Verzieren:
2 Orangen (unbehandelt)
einige rote Früchte (Himbeeren, Johannisbeeren oder Kirschen)

Schokolade zerkleinern und in einer Schüssel im Wasserbad oder in der Mikrowelle vorsichtig erwärmen. Fein gemahlenen Zwieback und Bittermandelöl unterrühren. Die Masse in einen Tortenring von 24 cm Durchmesser geben, fest andrücken und beiseitestellen.
Gelatine nach Packungsanleitung zubereiten. Quark, Zucker, Vanillezucker, Orangen- und Zitronensaft, Weißwein und Sahne zu einer Creme miteinander verrühren und die Gelatine daruntermischen. Creme auf den Tortenboden geben, glattstreichen und kühl stellen. Mit Orangenscheiben und roten Früchten verzieren.

Herrentorte

4 Eier
125 g Margarine
100 g Zucker
80 g Kaba
200 g gem. Mandeln
2 TL Backpulver

Füllung:
1 Glas Preiselbeeren (400 g)
2 Becher Schlagsahne
(à 250 ml)
1 Pck. Sahnesteif
Eierlikör

Eier trennen und das Eiweiß steif schlagen. Eigelb mit Zucker und Margarine schaumig rühren. Kaba, Mandeln und Backpulver unterheben. Teig in eine gefettete Tortenform (26 cm Durchmesser) geben und im vorgeheizten Backofen bei 180 °C ca. 20 Minuten backen, abkühlen lassen und auf eine Tortenplatte setzen. Preiselbeeren auf dem Boden verteilen. Sahne mit Sahnesteif steif schlagen und davon 4 EL in einen Spritzbeutel füllen. Restliche Sahne auf den Preiselbeeren verstreichen. Den Rand mit dem Spritzbeutel verzieren. Die Mitte mit Eierlikör beträufeln.

Fein arrangierter Kaffeetisch mit Bauernkaffee.

Café Lichthof

Café Lichthof

Golden-Retriever-Hündin „Julie".

Idyllisch, direkt an der Ostsee, liegt das Café Lichthof. Die Gegend südlich von Flensburg heißt Angeln, auch bekannt geworden durch die erfolgreiche Fernsehserie „Der Landarzt", und das Dorf nennt sich Nieby. In dieser nördlichsten deutschen Gegend enden viele Ortsnamen mit der Silbe by, das alte Wort für Dorf. Das Café befindet sich im Haus Nr. 29, einem alten mit Reet gedeckten Bauernhaus, in dem sich außerdem eine Praxis für Psychomotorik, ein Seminarraum und die Wohnung der Familie Schulke befinden. Frau Dr. phil. Jutta Schulke-Vandre ist seit 1987 die Besitzerin dieses wunderschönen Anwesens. Sie ist eigentlich Hamburgerin, aber das Schicksal hat es anders gewollt. Nach ihrem Studium bekam sie einen Auftrag der Universität Bremen, eine Forschungs- und Beratungsstelle für Gesundheit, Sport und Ernährung aufzubauen. Während erfolgreicher Arbeitsjahre wurde sie Mutter eines Sohnes und von Fünflingen, ein tiefer Einschnitt in ihr Leben. Ein trauriger Schicksalsschlag war der Verkehrsunfall ihres neunjährigen Sohnes, der für lange Zeit therapiert werden musste. Einziger Ausweg erschien ihr ein Leben in der Abgeschiedenheit. 1987 hatte sie dieses Bauernhaus als Ferienhaus erworben. Nun entschloss sie sich aber, mit ihren fünf Kindern (einer der Fünflinge war gestorben) ganz von Hamburg hierher zu ziehen.

Nachdem das Haus renoviert, ausgebaut und ein Tagungsraum angebaut worden war, eröffnete Frau Dr. Schulke-Vandre eine therapeutische Praxis. „Na, wer wird sich wohl in diese Einsamkeit verirren, habe ich zuerst gedacht", erzählt sie, „aber die Patientenbesuche und die Seminarteilnehmer nahmen ständig zu." Aus der Philosophie der Arbeitsweise der Therapeutin ergab sich die Kreation eines neuen Typs Café. Die Erfahrungen aus der Therapie werden also auch in dieses Café getragen. Die Ernährung ist für Frau Dr. Schulke-Vandre sehr wichtig. Zutaten, die sie aus gesundheitlichen Gründen ablehnt, werden in ihrem Café nicht verwendet. Kein Weizenmehl, sondern Dinkel-

Café Lichthof

oder Buchweizenmehl. „Ja, wie soll ich das Café beschreiben", sagt Frau Dr. Schulke-Vandre. „Es ist auf jeden Fall kein Ökocafé! Der Genuss für die Gäste und ihr Wohlbefinden stehen bei uns an erster Stelle."

Plaudern wir mal aus der Schule: Das Wohlfühlen steht auf jeden Fall an erster Stelle. Die Gäste sitzen unter anderem im ehemaligen Kinderzimmer auf den Worpsweder Stühlen, die eine heimelige Atmosphäre schaffen. Aber die eigentliche Gastlichkeit beginnt in der Küche. Alle Kuchen und Torten – süß oder pikant – wie auch das Angeliter Brot, die verschiedenen Aufstriche und die Überraschungen der jeweiligen Saison sind mit viel Liebe und Licht (!) selbst gemacht. Tochter Anna ist Meisterin der ländlichen Hauswirtschaft. Sie ist die tragende Kraft in der Küche und hat neue Torten und Kuchen kreiert. Tee, Kaffee und Schokolade werden ganz besonders sorgfältig von Hand zubereitet.

Abgerundet wird das Gesamt-Angebot des Lichthof-Cafés, das 1999 den Anna Westphalen-Preis erhielt, durch drei Ferienwohnungen, in denen man es sich in dieser traumhaften Landschaft mit Blick auf die Ostsee wohl ergehen lassen kann: Genuss, Ruhe und Gesundheit sind dabei die Hauptmotive von Frau Dr. Schulke-Vandre und ihrem Lichthof-Café.

In dem natürlich wuchernden Garten kann man rasten, den Gaumen streicheln und genießen.

 *Café Lichthof*

Café Lichthof

In diesem Familienzimmer stehen sechs Worpsweder Stühle mit Tisch. Sie gehörten den sechs Kindern, deren Namen auf den Rückenlehnen in kleine Messingschilder graviert wurden. Hier spielte sich früher das Familienleben ab, und darum hat die Familie entschieden, dass alles am Platz bleibt, auch die Porträts an der Wand. 5+1 waren sie einmal, Fünflinge (!) und ein älterer Bruder. Heute sind sie noch 4+1, und in der gemütlichen Ecke genießen nun die Caféhausgäste die Gastlichkeit der ganzen Familie Schulke.

 Café Lichthof

Buchweizentorte mit Preiselbeeren

10 Eier
400 g Zucker
250 g Buchweizenmehl
50 g Maismehl
1 Pck. Backpulver
200 g Haselnüsse, gemahlen
200 g Preiselbeermarmelade
2 Becher Schlagsahne (à 200 ml)
1 Pck. Krokant

Eier und Zucker so lange schlagen, bis eine cremige Masse entsteht. Buchweizenmehl und Maismehl darübersieben und verrühren. Mit Backpulver und Haselnüssen vermengen und den Teig in eine gefettete Springform (28 cm Durchmesser) streichen. Bei 170 °C 25 Minuten backen.

Den abgebackenen Kuchen einmal waagerecht teilen. Preiselbeermarmelade auf den Boden streichen. Die Sahne steif schlagen (einen Rest für die Dekoration zurückbehalten) und darübergeben. Den Deckel auflegen und den Rest Preiselbeermarmelade in die Mitte geben. Den Rand mit Sahne und Krokant verzieren.

Variation 2: Mit Apfelmus

Den Boden teilen. Statt Preiselbeeren Apfelmus auf den Boden und den Deckel geben. Mit Sahne füllen. Danach mit Sahne und Krokant verzieren.

Variation 3: Mit Rhabarber-Himbeer

5 Stangen Rhabarber putzen, in Stücke schneiden und weichkochen. Zum Schluss eine Hand voll Himbeeren zufügen und das Kompott mit Zucker abschmecken. Den Boden teilen und mit Kompott und Sahne füllen. Deckel auflegen und verzieren.

Café Lichthof

Schmandkuchen mit Zimt und Krokant

GRUNDREZEPT:
4 Eier
200 g Zucker
200 g Butter
250 ml Milch
250–300 g Mehl (bei Dinkelmehl 300 g)
1 Pck. Backpulver
5 EL Kakao

BELAG:
2 Glas Sauerkirschen
(à 350 g Abtropfgewicht)
1 kg Magerquark
2 Becher Schmand (à 200 g)
150 g Zucker
Zimt und Zucker
1 Pck. Krokant

Eier, Zucker und Butter zu einer schaumigen Masse verrühren. Langsam die Milch dazugeben. Mehl, Backpulver und Kakao hinzufügen und alles zu einer cremigen Schokomasse rühren. Den Teig auf einem gefetteten Backblech verstreichen. Kirschen auf einem Sieb abtropfen lassen, den Teig damit belegen und bei Umluft 20 Minuten abbacken. Aus Quark, Schmand und Zucker eine Schmandmasse bereiten, auf die Kirschen streichen und mit Zucker, Zimt und Krokant bestreuen. Anschließend kühl stellen.

Café Lichthof

Schokoladencreme-Torte

Grundteig:
4 Eier
170 g Zucker
150 g Butter
200 ml Schlagsahne
1 Pck. Backpulver
4 EL dunkles Kakaopulver
5 EL einfaches Schokopulver (Instant)
350–400 g Mehl

Grundrezept Füllung
500 g Magerquark
200 ml Schlagsahne (steif geschlagen)
2 EL Zitronensaft
150 g Zucker

Grundrezept Schokoladenguss
100 ml Milch
100 ml Schlagsahne
20 g Butter
75 g Blockschokolade
3 EL einfaches Schokoladenpulver (Instant)

Eier, Zucker, Butter, Sahne und Backpulver mit dem Handrührgerät schaumig schlagen. Kakao und Schokoladenpulver darunterheben. Mehl über die Masse sieben und verrühren. Den Teig in eine gefettete Springform (28 cm Durchmesser) streichen und bei 170 °C Umluft ca. 30 Minuten backen.

Tortenboden auskühlen lassen und einmal waagerecht teilen.

Für die Füllung Quark, geschlagene Sahne, Zitronensaft und Zucker verrühren und auf den unteren Tortenboden streichen. Anschließend den Deckel daraufsetzen.

Für den Schokoladenguss Milch, Sahne, Butter und Blockschokolade in einem Topf langsam schmelzen lassen. In die sehr warme Schokoladenflüssigkeit 3 EL Schokoladenpulver rühren und die angedickte Masse über den Kuchen streichen. Mindestens 1 Stunde im Kühlschrank durchkühlen lassen.

Variante 2: Schokoladen-Zebra-Torte

Den Kuchenteig nach dem Grundrezept zubereiten, jedoch nur eine Hälfte des Teigs mit dem Kakaopulver färben, die zweite Hälfte bleibt hell. Beide Kuchenteige in die Springform streichen und mit der Gabel vorsichtig vermengen, sodass Streifen entstehen.

Nach dem Backen und Abkühlen den Tortenboden waagerecht teilen und eine Hälfte als Tortenboden nutzen.

Den zweiten Boden beiseite legen.

Füllung auf den Boden geben und mit Schokoladenguss überstreichen. Anschließend im Kühlschrank gut durchkühlen lassen.

Tipp:
Der zweite Boden lässt sich gut einfrieren und kann später für eine weitere Schokoladen-Zebra-Torte verwendet werden.

Eierlikör-Torte

TEIG:
3 Eier
180 g Zucker
150 g Butter
1 Pck. Backpulver
5 EL Kakao
150 ml Schlagsahne
350–400 g Mehl

BELAG:
1 kg Magerquark
300 ml geschlagene Sahne
180 g Zucker
1 Pck. Vanillezucker
2 EL Zitronensaft
300 g Rote Grütze
Eierlikör
Schokoladensoße

Eier, Zucker, Butter, Backpulver, Kakao und Sahne miteinander vermischen und mit einem Handrührgerät schaumig rühren. Nach und nach das Mehl hinzugeben und rühren, bis ein cremiger Rührteig entsteht. Diesen dann auf ein gefettetes (tiefes) Backblech streichen und bei 170 °C Umluft 20 Minuten backen. Den Boden abkühlen lassen und sofort in 16 Stücke schneiden, so lassen sich die Stücke zum Servieren des fertigen Kuchens besser und schöner anrichten. Quark, steif geschlagene Sahne, Zucker, Vanillezucker und Zitronensaft zu einer cremigen Masse verrühren und auf den geschnittenen Kuchen streichen. Rote-Grütze-Flecken darauf verteilen und um diese den Eierlikör gießen. Zur Verzierung darüber in Längs- und Querstreifen die Schokoladensoße ziehen.

 Café Lichthof

Windbeutel

FÜR 12 GROSSE WINDBEUTEL

GRUNDREZEPT:
150 g Mehl
250 ml Wasser
1 Prise Salz
65 g Butter
4 Eier

Das Wasser, Salz und Butter in einem Topf zum Kochen bringen. Den Topf vom Herd nehmen und unter Rühren das ganze Mehl auf einmal hinzugeben. Den Topf wieder auf den Herd stellen und bei mittlerer Hitze so lange weiter rühren, bis sich ein weißer Belag auf dem Boden bildet und sich der Teig vom Boden löst. Den Topf vom Herd nehmen und mit einem Knethaken die Eier nacheinander darunterrühren. Den Teig in einen Spritzbeutel füllen und große oder kleine Windbeutel auf ein Kuchenblech spritzen. Bei Umluft 180 °C 25–30 Minuten goldgelb backen.

GRUNDREZEPT FÜLLUNG:
1 Teil steif geschlagene Schlagsahne und 1 Teil Magerquark miteinander verrühren. Süßen und würzen je nach Variation.

**VARIATION 1:
SCHOKO-NOUGAT-FÜLLUNG**
Entöltes Schokoladenpulver und Nougat mit der Quark-Sahne-Creme mischen.

**VARIATION 2:
ORANGEN-FÜLLUNG**
Orange-Back oder unbehandelte, geriebene Orangenschale, Zucker oder Honig, filetierte kleingeschnittene Orange (etwas abtupfen) mit der Quark-Sahne-Creme mischen.

**VARIATION 3:
EIERLIKÖR-FÜLLUNG**
Eierlikör, Haselnusskrokant und Zucker mit der Quark-Sahne-Creme mischen.

Heißes Apfelgetränk

4 PERSONEN

750 ml Apfelsaft, naturtrüb
2 cl Rum
1 cl Amaretto
4 EL Zucker und Zimt, nach Belieben
1 Becher Schlagsahne (200 ml)

Apfelsaft, Rum, Amaretto, Zucker und Zimt miteinander verrühren. Alles in einem Topf zum Kochen bringen und in Gläser füllen. Sahne steif schlagen und als Haube auf die Gläser setzen. Mit Zucker und Zimt bestreuen.

Café Lichthof

121

Café Witthüs

# Café Witthüs

Blankenese, der exklusive Vorort Hamburgs entlang der Elbe, ist seit Jahrhunderten der Inbegriff für schöne Architektur und englische Parks. Der legendäre Kaufmann J. C. Godefroy errichtete am Ende der Elbchaussee vor 200 Jahren ein Herrenhaus und ein Kavaliershaus, das heutige „Café Witthüs". Wie der plattdeutsche Name sagt, ist es ein weißes Haus, und diente zur Unterbringung der persönlichen Gäste. Bevor es vor 30 Jahren ein Café wurde, war es im Besitz des berühmten Hamburger Sohnes Hans Henny Jahnn. Das Multitalent war Dichter, Komponist und Orgelbauer.

Der Besucher vom Witthüs ist sofort gefangen von der Schönheit des Parks und der idyllischen Ruhe, die das reetgedeckte ehemalige Bauernhaus ausstrahlt. Hier kann man spazieren gehen, Waldluft atmen, Hirsche füttern und hinterher im Café Witthüs Kaffee, Tee, Torten, Kuchen und die Atmosphäre genießen. Eine Spezialität des Hauses ist das Teeangebot aus aller Herren Länder wie zum Beispiel der russische Rauchtee mit Rumkirschen. Gern werden davon Geschenkpackungen oder Geschenkgutscheine dafür gefertigt – eine gute Idee. Natürlich war ich neugierig auf das Torten- und Kuchenangebot,

Jede Jahreszeit hat im Hirschpark des Godefroyschen Anwesens ihre eigenen Reize.

Das schmalste Fenster des Hauses ist so gesetzt, dass der Blick auf die Lindenallee fällt, ein prächtiges, inzwischen weit über 250 Jahre altes Naturdenkmal.

Café Witthüs

das dann wahrlich keine Wünsche offen ließ. Highlight ist die „Qualle auf Sand", eine süße Sünde, deren Name an Nordsee und Strandsand erinnert. Und in der Tat ist dieses Haus ein Pendant zu dem unter Syltliebhabern allseits bekannten Café Witthüs. Die Romantik des Blankeneser Anwesens lädt natürlich zu besonderen Events ein. So richtet das Besitzerehepaar Verena und Wolfgang Nordt auch Hochzeiten, Empfänge, Kunstausstellungen und Familienfeiern jeglicher Art aus.

Aber nicht nur bei diesen besonderen Feiern bietet die Küche Außergewöhnliches. Die ambitionierten Köche bieten täglich Heimisches und Internationales an. Beim Lesen der Karte spürt man die Lust und Kreativität, mit der nicht nur der Café-, sondern auch abends der Restaurantbetrieb angegangen wird, u.a. mit dem berühmten Candellight-Dinner. Dieses gut geführte Haus ist in der Weltstadt Hamburg ganz bewusst ein Gegenstück zu den flippigen, hochmodernen Szenecafés.

Hier herrscht hanseatischer Stil bei einem Personal, das sein Handwerk wirklich noch gelernt hat, das den Gästen jeden Wunsch von den Augen abliest und den Besuch in diesem Paradies zu einem nachhaltigen Erlebnis werden lässt.

„Café Witthüs" mit seinem wunderschönen kleinen Bauerngarten. Quadratisch und rechteckig angelegte Beete, traditionell eingefasst von Buchsbaumhecken. Die Mitte der Rondells wird mit Stammrosen gekrönt. Reetdachhaus und Bauerngarten bilden eine Einheit.

Die Büste des Dichters, Komponisten und Orgelbauers Hans Henny Jahnn, der bis 1959 in diesem Hause lebte, erinnert an ihn.

 Café Witthüs

Café Witthüs

„Qualle auf Sand."

Café Witthüs

Prosecco-Rhabarber-Trunk

Im Eisfach gekühlte Gläser zu gleichen Teilen mit Prosecco und Rhabarbertrunk (Reformhaus) füllen und sofort servieren.

Ein sehr erfrischendes Sommergetränk, wird im Witthüs sehr gerne zur „Qualle auf Sand" serviert.

Qualle auf Sand

Die legendäre Leckerei „Qualle auf Sand" besteht aus Nuss- oder Napfkuchenwürfeln, Obstsalat mit Früchten der Saison (Erdbeeren, Melonen, Brombeeren, Himbeeren, Johannisbeeren, Bananen, Heidelbeeren, Nektarinen, Papayas, Weintrauben), Rumkirschen und steif geschlagener Schlagsahne.

Kuchenwürfel mit dem Obstsalat vermischen. Rumkirschen darübergeben und in die Mitte einen dicken Klecks Schlagsahne setzen.

Mit Schokostreusel bestreuen.

Café Witthüs

Apfelkuchen vom Blech

2,5 kg Äpfel (Boskop)
Zitronensaft
300 g Zucker
3 EL Vanillezucker
3 Prisen Salz
5 Eier
375 g Butter, geschmolzen
500 g Mehl
2 TL Backpulver
200 g Mandelblättchen, karamellisiert

Äpfel schälen, das Kerngehäuse herausschneiden und mit Zitronensaft beträufeln. Mandelblättchen mit Zucker in einer Pfanne kurz karamellisieren.
Zucker, Vanillezucker, Salz und Eier mit dem Handrührgerät sehr cremig rühren. Geschmolzene Butter hinzufügen. Mehl und Backpulver vermischen, darübersieben und zu einem geschmeidigen Teig verrühren. Anschließend auf ein gefettetes Backblech streichen. Großzügig mit Apfelspalten belegen. Bei Umluft 150 °C ca. 60 Minuten backen. Den goldbraun gebackenen Apfelkuchen mit karamellisierten Mandelblättchen bestreuen.
Dazu: steif geschlagene Schlagsahne.

Wechselnde Gemäldeausstellungen erzeugen eine besondere Atmosphäre.

Blaubeerkuchen mit Vanilleeis

1 kg Blaubeeren
125 g Butter
100 g Zucker
1 Ei
1 EL frisch gemahlener Vanillezucker
2 Prisen Salz
250 g Mehl
1 TL Backpulver
Bourbon-Vanilleeis
Schlagsahne

Blaubeeren säubern. Butter, Zucker, Ei, Vanillezucker, Salz, Mehl und Backpulver zu einem geschmeidigen Teig verkneten. Springform (26 cm Durchmesser) ausfetten und mit dem Teig auskleiden. Blaubeeren darauf verteilen und bei Umluft 150 °C ca. 45 Minuten backen. Kuchen auskühlen lassen und aus der Form lösen. Mit einer Kugel Bourbon-Vanilleeis und Schlagsahne servieren.

Café Witthüs

Für ein Kaffeekränzchen ist dieser Tisch gedeckt, im Stil des Witthüs mit Rosenblättern bestreut.

Mandelkekse

Cantuccini

250 g Mehl
120 g Zucker
1 TL Backpulver
4 EL frisch gemahlener Vanillezucker
2 Prisen Salz
25 g weiche Butter
2 Eier
½ Fläschchen Bittermandelöl
150 g gehäutete Mandeln

Mehl, Zucker, Backpulver, Vanillezucker, Salz, Butter, Eier und Bittermandelöl miteinander verkneten. Danach die Mandeln unterkneten. Den Teig mit bemehlten Händen zu einer Kugel formen und 30 Minuten kalt stellen. Anschließend in 6 Teile schneiden. Aus jedem Teil eine 25 cm lange Rolle formen. Backblech mit Backpapier belegen. Die Rollen im Abstand von 8 cm voneinander darauflegen. Im vorgeheizten Backofen 10–15 Minuten vorbacken, kalt stellen und dann schräg in etwa 1 cm dicke Scheiben schneiden. Kekse mit einer Schnittfläche auf das Backblech legen und noch einmal 8–10 Minuten bei 200 °C rösten. Die Mandelkekse müssen zum Schluss goldbraun sein. Kekse gut auskühlen lassen und erst dann in einer geschlossenen Blechdose aufbewahren.

Café Witthüs

Schokoladen-Kirschkuchen

3 Gläser Sauerkirschen
(à 350 g Abtropfgewicht)
200 g Zucker
3 EL Vanillezucker
5 Eier
3 Prisen Salz
250 g Butter, geschmolzen
450 g Mehl
2 TL Backpulver
150 g Schokoladenstreusel

Sauerkirschen auf einem Sieb abtropfen lassen. Zucker, Vanillezucker, Eier und Salz mit dem Handrührgerät sehr schaumig schlagen. Die geschmolzene Butter dazugeben. Mehl und Backpulver vermischen, darübersieben und unterrühren. Zum Schluss die abgetropften Sauerkirschen und Schokostreusel vorsichtig unterheben. Den Teig in eine gefettete Springform (28 cm Durchmesser) füllen und bei Umluft ca. 75–80 Minuten backen. Danach gut auskühlen lassen und aus der Form lösen.

 Kaffee

Herkunft des Kaffees

Die Kaffeebohne und ihr Anbau haben ihren Ursprung im Hochland Äthiopiens, in den Bergwäldern des alten Königreichs „Kaffa". Die Frucht wächst auf Bäumen, die man aber möglichst kurz hält, um die Früchte leichter ernten zu können. Der Kaffeebaum liebt das Klima um den Äquator herum und breitete sich in diesen Breitengraden um den ganzen Erdball aus. Zuerst war es der arabische Raum, die Stadt Mokka gab ihm einen Namen. Dann schlossen sich durch den zunehmenden Bedarf Länder wie Brasilien, Kolumbien, Mittelamerika, Java und weitere an. In Deutschland begann der Siegeszug des Kaffees zur Lutherzeit zunächst erst langsam, jedoch kam man bald auf den Geschmack. Wir zählten bald zu den stärksten Kaffeekonsumenten der Welt, was Friedrich den Großen veranlasste, den Kaffee hoch zu besteuern. Den Bürgern gefiel das aber gar nicht, und noch heute kennt man eine Karikatur, die den alten Fritz mit Kaffeemühle zeigt, Symbol der harten preußischen Steuermühle.

Kaffeesorten

Grundsätzlich gibt es zwei Bohnensorten: die Arabica aus Äthiopien (die feinere und teurere) und die Robusta aus Uganda (die säurehaltigere und preiswertere).

Der König unter den besten Kaffeesorten der Welt, und natürlich auch der Teuerste, ist der „Jamaica Blue Mountain". Er stammt aus den Höhenlagen zwischen 500 und 1600 Metern und sein unvergleichliches Aroma ist leicht süßlich mit zarter Säure. Er bleibt lange im Gaumen.

Kaffee

Aber auch die Sorte „Costa Rica" halten viele für die beste der Welt. Ihr intensiver Duft verspricht ein rassiges Aroma und einen harmonischen Geschmack. Aber Achtung! Immer selbst probieren, denn aus Costa Rica kommen auch minderwertige Sorten.

Auch Kolumbien liefert erstklassige Sorten, und der weltberühmte „Andenkaffee" schmeckt süßlich, kräftig, mit feiner Säure.

Voll, rund, reich und schön ist auch der „Java Kaffee", und man spricht auch vom Rubenskörper dieser Spitzensorte, die im tropischen Idealklima reift. Man könnte dies weiter fortführen über Brasilien, Guatemala bis Honduras. Alle Länder produzieren gute Sorten, aber die Geschmäcker sind verschieden. Probieren Sie sich zu Ihrer Lieblingssorte durch.

Die Aufschrift „Fair Trade" auf einer Kaffeepackung soll darauf hinweisen, dass der Kaffee unter fairen Arbeitsbedingungen hergestellt wurde. Höchste Zeit wäre es ja.

Kaffeecreme

2 Personen

125 ml Wasser
25 g Kaffee
100 g Zucker
1 Prise Salz
250 ml Schlagsahne
12 Schokoladen-Mokkabohnen

Kaffee aufbrühen. Zucker und Salz in einen Topf geben und unter ständigem Rühren bei kleiner Hitze goldbraun werden lassen. Den heißen Kaffee dazugießen und 15 Minuten einkochen lassen. Sahne steif schlagen und unter die lauwarme Kaffeemasse ziehen. Mit Mokkabohnen verziert servieren.

Orangen-Mokka

2 Personen

2 Tassen starker, heißer Kaffee
4 EL Cointreau
4 Stück Vollmilchschokolade
(möglichst mit Orangenstücken)

Den Kaffee mit dem Cointreau mischen. Schokoladenstücke auf den Tassenboden legen und mit der heißen Kaffeemischung übergießen, sodass die Schokolade schmilzt.

Kaffee Orange

2 Personen

2 Tassen gesüßter, starker Kaffee
2 TL frische, gewürfelte Orangenschale
(unbehandelt)
2 Glas Cognac
100 ml Schlagsahne, steif geschlagen

Den heißen Kaffee mit den Orangenwürfeln und dem Cognac mischen und in vorgewärmte Tassen füllen. Die geschlagene Sahne als Haube daraufsetzen. Mit einer Orangenschalenspirale am Tassenrand dekorieren.

 *Kaffee*

Vitaminkaffee mit Vanillehäubchen

4 Personen

1 Orange (unbehandelt)
Saft von 2 Orangen
4 cl Orangenlikör
750 ml heißer, starker Kaffee
4 EL Zucker
1 Vanillestange
200 ml Schlagsahne

Orange spiralförmig ganz dünn schälen. Weiße Haut entfernen. Orange würfeln, mit Likör beträufeln und ziehen lassen. Anschließend auf vier Tassen verteilen. Orangensaft erhitzen, mit Kaffee und Zucker mischen und in die Tassen füllen. Vanillestange längs aufschlitzen, Mark herauskratzen und zur Sahne geben. Beides sehr steif schlagen. Vanillesahne als Häubchen auf den Orangenkaffee setzen.

Tipp:

Milchschaum für Kaffee gelingt am besten, wenn die Milch kühlschrankkalt ist. Mit dem Milchschäumer dicht unter der Oberfläche starten, damit recht viel Luft untergequirlt wird. Dann langsam in kreisenden Bewegungen nach unten vorarbeiten. Am schnellsten klappt's mit H-Milch.

Pharisäer

4 Personen

500 ml heißer, starker Kaffee
12 EL angewärmter Rum (40 Vol.-%)
4 geh. TL Zucker
200 ml Schlagsahne

Sahne steif schlagen. Tassen vorwärmen. Den heißen Kaffee, Rum und Zucker auf die Tassen verteilen und ein Sahnehäubchen daraufsetzen. Den Kaffee durch die Sahne schlürfen.

Kaffee Kirsch

2 Personen

2 Tassen starker, heißer Kaffee
2 EL Kirschwasser
4 EL flüssige Schlagsahne
Zucker

Kaffee mit dem Kirschwasser und der Sahne mischen, nach Geschmack süßen.

Tee

Herkunft des Tees

In der letzten Zeit wird zu Torten und Kuchen immer öfter Tee verlangt. Dieses wohlschmeckende Getränk wurde schon vor 5000 Jahren vom chinesischen Kaiser Chen Nung entdeckt und trat seinen Siegeszug um die ganze Welt an. Heute kommen die beliebtesten Sorten aus Indien, und zwar der Darjeeling aus dem Norden, wie auch der Assam Tee, der Nelgiri aus dem Südwesten und der Sikkim aus dem Nepal und Tibet.
Die Cylon-Tees beinhalten Spitzensorten aus dem heutigen Sri Lanka, das früher Cylon hieß und wo in den Höhenlagen bis zu 2000 Metern sehr schmackhafte Sorten gedeihen. Aus China kommen die schwarzen Teesorten, sie enthalten weniger Coffein und Gerbsäure und schmecken sehr pikant.

Die grünen Teesorten kommen aus Japan. Sie schmecken etwas herbbitter, besonders die Sorte Bancha. Grüner Tee weckt in einem positive Energien, denn die Makrobiotik, eine japanische Ernährungslehre, sagt ihm wegen des hohen Kalziumgehalts eine heilende Wirkung nach.
Viele Teesorten werden kaum pur verwendet, sondern sind Mischungen, wie die Ostfriesen-Mischung, English-Breakfast oder Earl Gray. Mit der Seelenruhe eines Teetrinkers sollten Sie die vielen Sorten durchprobieren, bis Sie Ihren Lieblingstee gefunden haben. So machten es bekannte Teetrinker wie Konrad Adenauer, dessen politische Teegespräche berühmt wurden, Heinrich Heine, der in seinen Gedichten öfters Teestuben und Teetische erwähnte, und Theodor Fontane, der es gar nicht leiden konnte, wenn ihm undefinierbarer Tee gereicht wurde.

Heißer Honigtee

2 Gläser

400 ml Wasser
3 TL Ostfriesentee
Saft von 1 Zitrone
Saft von ½ Orange
1 EL Orangenblütenhonig

Den Tee mit kochendem Wasser überbrühen und 4 Minuten ziehen lassen. Anschließend durch ein Sieb gießen und mit Zitronen- und Orangensaft sowie dem Honig aromatisieren. Den Honigtee auf zwei Gläser verteilen und heiß servieren.

Friesenpunsch

4 Gläser

500 ml Wasser
4 TL Ostfriesentee
75 g weißer Kandis
75 ml roter Johannisbeersaft
75 ml Rotwein
2 Zimtstangen
1 Sternfrucht

Den Tee mit kochendem Wasser überbrühen und 4 Minuten ziehen lassen. Anschließend durch ein Sieb gießen. Kandis, Johannisbeersaft, Rotwein und Zimtstangen in einem Topf erwärmen. Den heißen Tee unter die Saft-Wein-Mischung rühren. Zimtstangen entfernen. Friesenpunsch auf 4 Gläser verteilen. Sternfrucht in Scheiben schneiden und die Gläser damit verzieren.

 **Tee**

Eiertee mit Schuss

8 Gläser

750 ml Wasser
8 TL Ostfriesentee
6 Gewürznelken
4 Eigelb
4 EL Zucker
12 cl brauner Rum (40 Vol.-%)
1 Prise Zimt

Tee und Nelken mit kochendem Wasser aufgießen und 3 Minuten ziehen lassen.
Eigelb mit Zucker schaumig schlagen und den Rum nach und nach dazugießen. Eiermasse in hohe Gläser füllen, mit heißem Tee aufgießen und mit Zimt bestäuben.

Teepunsch

1 l Wasser
10 g schwarzer Tee
60 g Zucker
4 Streifen dünn abgeschälte Zitronenschale (unbehandelt)
1 Sternanis
200 ml Holunderblütensirup
100 ml brauner Rum (40 Vol.-%)

Wasser aufkochen. Tee in einem Teesäckchen zugeben und 3–4 Minuten darin ziehen lassen. Teesäckchen entfernen. Tee warm halten, Zucker hinzugeben. Zitronenschale und Sternanis 10 Minuten darin ziehen lassen. Danach entfernen. Teepunsch mit Holunderblütensirup und Rum würzen, nochmals erhitzen und servieren.

Teephantasie

2 Gläser

1 Limette (unbehandelt)
10 Zitronenmelisseblätter
400 ml Wasser
4 TL Assam-Tee
2–3 TL Zucker
4 Kugeln Zitronensorbet
100 ml Bitter Lemon

Limette mit heißem Wasser abwaschen und die Schale fein abreiben. Anschließend halbieren und den Saft auspressen. Zitronenmelisse abbrausen, trockenschütteln und vier schöne Blätter beiseitelegen. Restliche Blätter in Streifen schneiden. Den Tee mit kochendem Wasser überbrühen und 2 Minuten ziehen lassen. Durch ein Sieb gießen und mit Zucker, Limettensaft und Zitronenmelisse aromatisieren. Zuerst im Kühlschrank abkühlen lassen, danach 15 Minuten in den Tiefkühlschrank stellen. In zwei Gläser je zwei Kugeln Zitronensorbet geben, mit eiskaltem Tee und Bitter Lemon aufgießen. Mit Zitronenmelisse dekorieren.

Milchtee mit Honig

4 Personen

500 ml Milch
4 TL Assam-Tee
4 EL Honig

Milch zum Kochen bringen und die Teeblätter damit übergießen. Drei Minuten ziehen lassen und anschließend durch ein Sieb gießen. Auf vier Tassen verteilen und den Honig in der heißen Teemilch auflösen.

Herkunft Schokolade/Kakao

Als Christoph Columbus 1502 auf seiner vierten Expedition Honduras erreichte, wurde er von den Indios freundlich empfangen, und der Häuptling beschenkte ihn mit Kakaobohnen. Dieses Geschenk kann man erst richtig würdigen, wenn man weiß, dass diese Bohnen ein Zahlungsmittel der Indios waren und dass daraus gewonnene Getränk heilig war. Columbus' Auftraggeber, König Ferdinand von Spanien, interessierte sich jedoch nicht für das göttliche Getränk, denn es schmeckte herb und bitter. Erst als man in Südamerika Zuckerrohr anpflanzte und die Nonnen eines Klosters die Erfindung machten, das Gebräu zu süßen, wurde es nach und nach populär und immer weiter verfeinert. Die Kakaobutter war sehr schwer verdaulich, und man versuchte sie mit Maismehl zu binden und den Geschmack mit Nelkenpfeffer zu verfeinern, und man genoss die Schokolade aufgeschäumt mit einem speziellen Holzquirl.

Bei den Azteken heißt das Göttergetränk cocahuatl, für Europäer etwas fremd und schwer auszusprechen, und so entstanden die Bezeichnungen Chocolate und Cacao für diesen neuen Genuss. Allerdings machte er noch eine lange Entwicklung durch, bis er nach Jahrhunderten die heutige Qualität erreichte. Aber noch andere Hürden hatte die Neuigkeit aus Südamerika zu nehmen. So hatten die Priester Spaniens den Verzehr dieses Heidengetränks zunächst untersagt, und erst als Papst Pius V. den Kakao probierte und ausrief: „Das ist ein Getränk!" wurde sogleich hineininterpretiert, das er getrunken werden solle. Die Priester verfielen dem süßen Genuss, und er wurde sogar für die Fastenzeit zugelassen.

Von Spanien aus hielt der Kakao seinen Einzug in Italien, und bald schon wurden die ersten Schokoladen-Cafés in Turin, Venedig und Perugia eröffnet, und noch heute ist das Café Rivoire in Florenz berühmt für seine köstliche Schokolade. Im Barockzeitalter hielt der Kakao Einzug in Frankreich und wurde bald das Privileg des Hochadels, der die Köstlichkeit in der Chocolatiére kredenzte und sie aus zierlichen Kakaotassen schlürfte. Von der Gemahlin Ludwigs XIV., Maria Theresia, sagte man, dass sie zwei Leidenschaften hätte: den König und die Schokolade.

Der Nürnberger Gelehrte Georg Volckamer brachte die ersten Kakaobohnen aus Genua nach Deutschland mit, wo sie von Süd bis Nord sehr schnell so beliebt wurden, dass der preußische König Friedrich II. mal wieder eine neue Einnahmequelle witterte und für 2 Taler Erlaubnisscheine an Cafés verkaufte. Die erste Schokoladenfabrik Deutschlands wurde bald in Steinhude bei Hannover gegründet. In England brach ein wahres Schokoladenfieber aus, man gründete Schokoladenclubs, und die Engländer waren die ersten, die den Kakao mit Milch mixten bzw. das Pulver in den Kuchen gaben. Ähnlich war es in Österreich, wo der junge Konditormeister des Kaisers, Sacher, köstliche Pralinen entwickelte und in seinem neu eröffneten Café die berühmte Sachertorte kreierte, die in dem bis heute bestehenden Café Sacher das Markenzeichen ist.

Schokolade und Kakao

Heiße Schicht-Schokolade

4 GLÄSER

100 g Edelbitterschokolade (70 % Kakao)
500 ml Vollmilch
1 Orange (unbehandelt)
3 TL Kakao
8 cl Orangenlikör

Schokolade in Stücke brechen. Orange waschen, abtrocknen und die Schale fein abreiben. Milch zusammen mit der Orangenschale in einen Topf geben und langsam erhitzen, nicht kochen. Danach mit einem Milchschäumer aufschäumen. Ein Drittel Milchschaum abfüllen, Schokolade, Kakao und Orankenlikör zufügen und kurz verrühren. Schokoladenschaum vorsichtig auf vier Gläser verteilen. Jetzt die heiße Milch ganz langsam im dünnen Strahl darübergeben – so entstehen die schönen Schichten. Zum Schluss den hellen Milchschaum auf den Schokoladenschaum geben.

Heiße Schokolade

6 TASSEN

750 ml Milch
250 ml Schlagsahne
1 Zimtstange
400 g dunkle Schokolade (70 % Kakao)
200 ml Schlagsahne, steif geschlagen
Schokoraspel

Milch, Sahne und Zimtstange in einem Topf zwei Minuten köcheln lassen. Topf vom Herd nehmen. Schokolade kleinhacken, in die heiße Milch geben und unter Rühren darin schmelzen lassen. Zimtstange entfernen. Anschließend die heiße Schokolade in Tassen füllen und mit Sahnehaube und Schokoraspel servieren.

Minz-Schokolade

4 BECHER

100 ml Schlagsahne
1 Vanilleschote
600 ml Milch
8 Schokoladen-Minz-Täfelchen
Kakao zum Bestäuben

Sahne halbsteif schlagen. Vanilleschote der Länge nach aufschlitzen und das Mark herausschaben. Milch zusammen mit dem Vanillemark erhitzen. Schoko-Minz-Täfelchen hinzufügen und unter Rühren schmelzen lassen. Die Flüssigkeit auf vier Becher verteilen, Sahne als Häubchen daraufsetzen und mit Kakao bestäuben.

Schokolade und Kakao

Kakao mit Ei

6 Personen

4 EL Kakao
4 EL Zucker
1 l Milch
2 Eigelb
2 ganze Eier
200 ml Schlagsahne
1 Pck. Vanillezucker

Kakaopulver und Zucker mischen und mit wenig kalter Milch verrühren. Die übrige Milch erhitzen, das angerührte Kakaopulver einrühren und einmal aufkochen lassen. Eigelb und ganze Eier in einer Schüssel im warmen Wasserbad mit dem Handrührgerät schaumig rühren. Den heißen Kakao nach und nach unterrühren. Schlagsahne mit dem Vanillezucker steif schlagen. Den Kakao auf die Tassen verteilen, mit einer Sahnehaube und etwas Kakaopulver garnieren.

Tote Tante

2 Personen

6 Würfel Zucker
6 cl Rum
400 ml Kakao
4 EL Schlagsahne, steif geschlagen
1 Msp. Kakaopulver

Würfelzucker in zwei hitzebeständige Gläser geben. Rum erwärmen und dazugeben. Mit heißem Kakao aufgießen. Geschlagene Sahne als Haube daraufsetzen. Den heißen Kaffee mit einem Strohhalm durch die kühle Sahnehaube trinken.

Vanilleschokolade

4 Personen

1 Tafel Vollmilchschokolade (100 g)
2 EL Kakao
1 Pck. Vanillezucker
1 geh. TL Zimt
4 EL Schlagsahne
500 ml Milch
2 Eigelb
1 geh. EL Zucker
1 Glas Cognac
4 Zimtstangen

Schokolade zerkleinern und mit Kakao, Vanillezucker, Zimt und Sahne in einen Topf geben. Bei geringer Hitze erwärmen, bis sich die Schokolade aufgelöst hat. Die Milch dazugeben, unter ständigem Rühren erhitzen, aber nicht kochen. Flüssigkeit vom Herd nehmen. Eigelb und Zucker in einer Tasse schaumig rühren und zusammen mit dem Cognac in die Flüssigkeit schlagen. Sofort in Tassen füllen und mit langen Zimtstangen servieren.
Die Zimtstangen verwendet man zum Umrühren.

Tipp:

Als Krönung könnte man noch eine Sahnehaube daraufsetzen. Vanilleschokolade eignet sich auch sehr gut als Dessert.

 Service

Alte Kaffeewirtschaft
Thomas Wätzold
Täglich frisch gebackene Kuchen und Torten,
Kaffeegarten, kleinere Gerichte, Gesellschaften
Hauptstraße 39
24613 Aukrug-Innien
Tel.: 04873-1385
Öffnungszeiten: täglich 11:00 bis 18:00 Uhr
Montags Ruhetag

Aukrug Antik
Karl Cramer
Altes und Antikes, Möbel, Gemälde,
Kleinkunst, Glas, Porzellan, Silber, Schmuck
Hauptstraße 39
24613 Aukrug-Innien
Tel.: 04873-890
www.aukrugantik.de
Öffnungszeiten: täglich 11:00 bis 18:00 Uhr
Montags Ruhetag

Alte Scheune
Café und Ferienwohnungen am Kanal
Meckelmoor 3a
24797 Breiholz
Tel.: 04875-902777
Fax: 04875-9026072
www.ferienwohnung-altescheune.de
Öffnungszeiten: Mai–Sept.: Mi. bis So. ab
14:00 Uhr
Okt.–Apr.: Fr., Sa., So. und feiertags ab
14:00 Uhr
Gruppen und Gesellschaften
Termine nach Vereinbarung
Montag und Dienstag Ruhetag

Antik- und Gartencafé im Volkskunde Museum
Hesterberg 44
24837 Schleswig
Tel.: 04621-995499
www.schleswigmuseum.de
Öffnungszeiten: täglich von 11:00 bis 17:00 Uhr
Montags Ruhetag

Hofcafé Fünf Linden
Dorfstr. 49
25770 Hemmingstedt
Tel.: 0481-64941
Fax: 0481-6838324
www.hofcafe-fuenf-linden.de
E-Mail: info@hofcafe-fuenf-linden.de
Öffnungszeiten: in der Sommersaison
dienstags–sonntags
täglich von 14:00 bis 18:00 Uhr
außerhalb der Sommersaison
donnerstags, freitags, samstags und sonntags
jeweils ab 14:00 Uhr
Für Gruppen und Gesellschaften
Termine nach Vereinbarung
Montags Ruhetag

Galerie-Café Meiforth im Richardshof
Wittendüner Allee 84
25826 St. Peter-Ording
Tel.: 04863-703220
Öffnungszeiten: täglich Dienstag bis Sonntag
14:00 bis 18:30 Uhr
Montags Ruhetag

Gartencafé Süderdeich
Frauke Köster
Hauptstraße 34
25764 Süderdeich
Tel.: 04833-425999
Öffnungszeiten: Do.–Mo.
13:00 bis 18:00 Uhr
Di., Mi. Ruhetag
Termine für Kaffeetafeln nach Absprache

Service

CAFÉ GNOSA
Lange Reihe 93
20099 Hamburg
Tel.: 040-243034
Fax: 040-243490
www.gnosa.de
info@gnosa.de
Öffnungszeiten: täglich von 10:00 bis 1:00 Uhr

KLEINES TRAUMCAFÉ
Rathausmarkt 14
24837 Schleswig
Tel.: 04621-290711
www.kleines-traumcafe.de
Öffnungszeiten: täglich von 9:00 bis 18:00 Uhr

CAFÉ LEBENSTRAUM
Ella und Bruno Hansen
Kamplanger Weg 5
24997 Wanderup
Tel.: 04606-704
Fax: 04606-965774
60 Sitzplätze innen,
60 Sitzplätze im Garten
Frühstücksbuffet ab 10 Personen
nach Absprache
Öffnungszeiten: täglich Mi.–So.
14:00 bis 18:00 Uhr
Februar geschlossen

CAFÉ LICHTHOF
Dr. phil. Jutta Schulke-Vandre
Falshöft 29
24395 Nieby/Angeln
Tel.: 04643-1354
Fax: 04643-3274
lichthofangeln@web.de
www.lichthof-angeln.de
www.nieby.de

Öffnungszeiten: ab Rapsblüte täglich bis
31. Okt. von 12:00 bis 18:00 Uhr
sonst an Wochenenden und Feiertagen
Montags Ruhetag

PRAXIS SCHMERZ-SELBSTHILFE PSYCHOMOTORIK
Dr. phil. Jutta Schulke-Vandre
Falshöft 29
24395 Nieby/Angeln
Tel.: 04643-1354

CAFÉ WITTHÜS
Elbchaussee 499a
22587 Hamburg
Tel.: 040-860173
Büro: 040-864070
Fax: 040-867580
www.witthues.de
info@witthues.de
Öffnungszeiten: täglich 14:00 bis 20:00 Uhr
Sonn- und feiertags 10:00 bis 23:00 Uhr

 # Service

Kaffeeröstereien

Speicherstadt Kaffeerösterei
Betreiber: Hacienda San Nicolas GmbH
Kehrwieder 5
20457 Hamburg
Tel.: 040-31816161
Fax: 040-37518682
E-Mail: t.drews@speicherstadt-kaffee.de
www.speicherstadt-kaffee.de

Ladengeschäft Kaffeerösterei Burg
Eppendorfer Weg 252
20251 Hamburg
Tel.: 040-4221172
Fax: 040-4205708
info@kaffeeroesterei-burg.de
www.kaffeeroesterei-burg.de

Kaffeemuseum Burg
Münsterstr. 23–25
22529 Hamburg
Tel.: 040-55204258
Fax: 040-55204261
info@kaffeemuseum-burg.de
www.kaffeemuseum-burg.de

Paul Heyck
– seit 1840 –
Kaffeerösterei
Tee-Spezialgeschäft
Kakao, Schokoladenspezialitäten
Faulstr. 2a
24103 Kiel
Tel.: 0431-94174
Fax: 0431-96873
info@heyck.de
www.heyck.de
Versand weltweit

Die Autorin

Marion Kiesewetter, Schauspielerin und Moderatorin, in Hamburg geboren, wurde als Köchin durch die TV-Sendungen „Bi uns to Hus", N 3, „Sonntagskonzert" und Johannes B. Kerners Kochsendung, ZDF, bekannt. Ihre ebenfalls im Boyens Buchverlag erschienenen Kochbücher „Fürstliche Menüs – Schleswig-Holstein", „Fürstliche Menüs – Niedersachsen", „Fürstliche Menüs – Mecklenburg-Vorpommern", „Obst aus norddeutschen Gärten", „Auf Krabbenfang", „Salatexpress" und „Das trinkt man an der Waterkant" entstammen der täglichen Praxis der Köchin des Nordens.

Die Fotografen

Ursula Sonnenberg und ihr Mann Hans Dieter Kellner durchliefen beide eine Ausbildung zu Fotografen, sie mit einer Lehre, er auf der bekannten Münchner Akademie für Fotografie. Seit dreißig Jahren arbeiten sie im gemeinsamen Hamburger Studio an getrennten Aufgaben – sie mit „food" für Werbung und Verlage, er kreativ und technisch für die Industrie. Nach langer Zeit arbeiten sie wieder zusammen für dieses Buch!

Register

Alte Kaffeewirtschaft
Aprikosen-Himbeer-Biskuit 15
Eierlikörkaffee 18
Himbeersahne-Torte 14
Johannisbeerkuchen mit Mandelkrokant . . . 19
Mohn-Schmand-Torte 16
Schoko-Kirsch-Torte 17
Stachelbeerkuchen vom Blech 17
Tarte Tatin 19
Zwetschgen-Rührkuchen 18

Alte Scheune
Apfel-Buchweizen-Torte 28
Bananen-Schoko-Torte 27
Eierkaffee 28
Feigen-Cassis-Torte 26
Haselnuss-Pflaumen-Torte 30
Mandarinen-Schmand-Torte 31

Antik- und Gartencafé im Volkskunde Museum
Bienenstich 41
Himmelstorte 38
Muckefuck 40
Pharisäer-Torte 39
Rhabarber-Torte 42
Schokoladen-Napfkuchen 41
Sonnenblumenplätzchen 42
Stachelbeerlikör 42

Hofcafé Fünf Linden
Eierlikör-Kirsch-Torte 51
Friesentorte 52
Gelber Spanischer Wind 53
Schoko-Birnen-Torte 50
Schräge Ecken 51
Winterapfelpunsch 53
Zitronenrolle 52

Galerie-Café Meiforth im Richardshof
Fanta-Kuchen 61
Friesentarte 60
Holunder-Crémant 62
Mohnkuchen 62
Nusskuchen 62

Gartencafé Süderdeich
Backbord-Steuerbord-Torte 70
Bernstein-Torte 72
Cherry Lady 75
Dünen-Torte 74
Lavendelkuchen 77
Lavendel-Limonade 76
Sandsturm 71
Seesterne 72
Smutjes 73

Café Gnosa
Apfelkuchen mit Streusel 88
Birnen-Rahm-Torte 84
Butterkuchen 86
Espresso Vanille 88
Käsekuchen 87
Schokoladen-Kirschkuchen 85

Kleines Traumcafé
Apfelkuchen 98
Diabetiker-Torte 98
Nusskekse 96
Quarkkuchen einmal anders 99
Schmandkuchen 97
Trümmertorte 96

Café Lebenstraum
Bauernkaffee 108
Cremeschnitten 106
Herrentorte 109
Marzipan-Kuppel-Torte 107
Omas Hefekringel 107
Orangen-Quark-Torte 108

Café Lichthof
Buchweizen-Torte mit Preiselbeeren 116
Eierlikör-Torte 119
Heißes Apfelgetränk 120
Schmandkuchen mit Zimt und Krokant . . . 117
Schokoladencreme-Torte 118
Windbeutel 120

Café Witthüs
Apfelkuchen vom Blech 129
Blaubeerkuchen mit Vanilleeis 129
Mandelkekse (Cantuccini) 130
Prosecco-Rhabarber-Trunk 128
Qualle auf Sand 128
Schokoladen-Kirschkuchen 131

Kaffee
Kaffeecreme 133
Kaffee Kirsch 134
Kaffee Orange 133
Orangen-Mokka 133
Pharisäer 134
Vitaminkaffee mit Vanillehäubchen 134

Tee
Eiertee mit Schuss 136
Friesenpunsch 135
Heißer Honigtee 135
Milchtee mit Honig 136
Teephantasie 136
Teepunsch 136

Schokolade und Kakao
Heiße Schicht-Schokolade 138
Heiße Schokolade 138
Kakao mit Ei 139
Minz-Schokolade 138
Tote Tante 139
Vanilleschokolade 139